데이터
스토리

데이터 스토리

데이터를 설득력 있는 이야기로 바꾸는 방법

초판 1쇄 발행 2021년 7월 1일

지은이 낸시 두아르테 / **옮긴이** 권혜정 / **감수자** 윤영진 / **펴낸이** 김태헌
펴낸곳 한빛미디어(주) / **주소** 서울시 서대문구 연희로2길 62 한빛미디어(주) IT출판부
전화 02-325-5544 / **팩스** 02-336-7124
등록 1999년 6월 24일 제 25100-2017-000058호 / **ISBN** 979-11-6224-429-6 93000

총괄 · 책임편집 전정아 / **편집** 윤진호
디자인 폴리오, 최연희 / **전산편집** 폴리오
영업 김형진, 김진불, 조유미 / **마케팅** 박상용, 송경석, 한종진, 이행은, 고광일, 성화정 / **제작** 박성우, 김정우

이 책에 대한 의견이나 오탈자 및 잘못된 내용에 대한 수정 정보는 한빛미디어(주)의 홈페이지나 아래 이메일로 알려주십시오.
잘못된 책은 구입하신 서점에서 교환해 드립니다. 책값은 뒤표지에 표시되어 있습니다.

한빛미디어 홈페이지 www.hanbit.co.kr | **이메일** ask@hanbit.co.kr

지금 하지 않으면 할 수 없는 일이 있습니다.
책으로 펴내고 싶은 아이디어나 원고를 메일(writer@hanbit.co.kr)로 보내주세요.
한빛미디어(주)는 여러분의 소중한 경험과 지식을 기다리고 있습니다.

데이터

데이터를 설득력 있는 이야기로 바꾸는 방법

스토리

낸시 두아르테 지음 | 권혜정 옮김 | 윤영진 감수

한빛미디어
Hanbit Media, Inc.

지은이 낸시 두아르테

Duarte, inc의 CEO이자 의사소통 및 프레젠테이션 관련 전문가다. 실리콘밸리를 바탕으로 의사소통 전문가로 활동하고 있으며 포천 500대 기업 중 약 200여 곳과 함께 일하고 있다. 30년 동안 다수의 기업과 조직을 위해 프레젠테이션 컨설팅을 수행했다. 미국 전직 부통령 앨 고어의 기후변화 프레젠테이션 <불편한 진실>에 참여했고 여러 Ted Talk에도 출연했다.

옮긴이 권혜정 aeki.me

국민대학교 시각디자인학과를 졸업했다. 지금까지 『피, 땀, 픽셀』(한빛미디어), 『계획된 불평등』(이김), 『데이터 시각화 교과서』(책만), 『코드와 살아가기』(글항아리사이언스), 『개발 함정을 탈출하라』(에이콘출판사) 등을 번역했다. 각종 음원 사이트를 통해 「자장열차」, 「Fundamental Lie」를 비롯한 자작곡들을 공개했다.

감수자 윤영진

고려대학교에서 학부를 졸업하고 미국 워싱턴대(Washington University in St. louis)에서 MBA를 이수하였다. 2008년부터 한국과 미국에서 10년간의 컨설턴트 생활 후 현재 글로벌 이커머스 회사에서 근무 중이다. 국내외 다양한 글로벌 기업들과의 프로젝트 경험을 통해 성공하는 기업의 업무 방식, 기업 문화, 소통 방법 그리고 시대별 산업의 흐름과 변화 등을 관심 있게 지켜보았다. 배운 지식과 경험을 사람들과 나누고 넘치는 정보와 급격하게 변화하는 시대의 생존법에 대해 함께 고민하는 것을 즐긴다. 저서로는 『쉽게 배우는 4차 산업혁명 시대의 최신 기술 트렌드』(박영사), 『Data Analytics and Visualization in Quality Analysis using Tableau』(Kindle 판) 등이 있다.

Text를 쓰고 있지만, 실제로 그 안에 담기는 것은 Context

이 책은 단지 데이터에 관한 책이 아니다. 이 책은 '이야기'를 하는 법에 관한 것이다. 더 정확히는 이야기를 잘 '전달'하는 것에 관한 이야기다. 이 책에 데이터란 단어가 붙은 것은 '근거'를 가지고 글을 잘 쓰고, 말을 잘하는 법을 알려주기 때문이다.

이야기를 잘 전달하는 것은 맥락을 잘 전달한다는 뜻이다. 역지사지, '남의 입장이 되어보기'를 영어로는 'put oneself in other's shoes'라고 한다. 남의 신발을 신어보는 것.

내가 상대에게 어떤 주장을 전달하려고 한다면 맨 먼저 생각해볼 것은 내가 왜 이런 주장을 하게 됐을까? 어떤 경로를 거쳐 이런 결론에 이르게 됐을까? 하는 것이다. 좋은 이야기는 그 경로를 상대가 되밟을 수 있게 해준다. 내 신발을 상대가 신어볼 수 있게 해주는 것이다.

두 가지 것을 이룰 수 있다. 하나는 상대가 내 입장에 공감하게 하는 것이고, 다른 하나는 그런 경로에서 혹여 있었을지도 모를 나의 실수, 혹은 성급한 판단을 잡아낼 수 있게 해준다. 결론에 이르게 되는 과정과 근거들을 보여줌으로써 상대는 내가 전달하는 결론만이 아니라 전체 사고의 맥락을 들여다볼 수 있다. 상대가 나의 실수를 잡아준다면 그것만으로도 큰 성과가 된다. 자칫 있을 수도 있었던 시간과 자원의 낭비를 막아준 셈이기 때문이다. 이와 함께 그 결론이 나 혼자 내린 게 아니라 상대와 함께 내린 것으로 만들어주는 무엇보다 큰 소득이 있다. 동력이 몇 배로 커지는 것이다.

이 책에는 다양한 팁들도 함께 담겨 있다. 가령 청중에 따라 줄임말, 팀에서만 공유하는 속어, 복잡한 차트를 얼마든지 써도 좋다든지, 경영자에게는 여섯 가지 주요한 성과지표가 있으므로 제안서를 경영자의 책상까지 올리고 싶다면 이 여섯 가지 중 한 영역을 개선할만한 아이디어로 담아내야 한다든지, 이야기 구조를 활용한 보고서 작성법 등이 페이지마다 빼곡하다.

무엇보다도 '내가 지금 Text를 쓰고 있지만, 실제로 그 안에 담기는 것은 Context'라는 것을 이해하게 되는 것만으로도 이 책을 읽은 보람이 있을 것이다.

박태웅
한빛미디어 이사회 의장

딱딱하게 나열된 숫자를 생동감 넘치는 스토리로 바꾸는 방법

실전 현장에서 일하는 데이터 분석가라면 커뮤니케이션의 소중함을 잘 알 것이다.

내가 뉴욕에서 일할 때 만난 분석가들은 공들여 작성한 분석 리포트가 좋은 평가를 받지 못해 속상해하는 일이 많았다. 데이터에 기반한 분석 결과를 꾹꾹 눌러 담아 리포트를 작성했는데, 분주한 스케줄과 실적에 대한 압박으로 날이 선 경영진은 숫자만 가득 한 보고서를 냉대했기 때문이다.

리포트는 숫자가 아니라 스토리를 담아야 한다. 경영진은 실제로 그렇게 말했다. 복잡하고 어려운 분석이 수행된 건 알겠으니 자신이 꼭 알아야 하는 핵심 메시지가 한눈에 드러나도록 만들어 달라고 주문했다. 스토리텔링을 요구한 것이다.

스토리텔링은 데이터 분석가, 데이터 과학자, 더 나아가 IT 업계에 근무하는 모든 사람이 반드시 익혀야 하는 기술이다. 선천적으로 스토리텔링 기술이 뛰어난 사람이 있다. 하지만 우리가 업무에서 활용하는 스토리텔링은 후천적 노력으로 획득할 수 있는, 그리고 반드시 획득해야 하는 중요한 기술이다.

이 책은 데이터 분석이라는 맥락에서 요구되는 스토리텔링을 매우 간결하고 설득력 있는 방식으로 설명한다. 딱딱하게 나열된 숫자를 생동감 넘치는 스토리로 구성하기 위해 숨을 불어넣는 방법을 알려준다. 데이터를 다루는 일을 하는 사람이라면 반드시 읽을 필요가 있고, 스토리텔링이 중요한 기술이라는 점에 동의하는 사람이라면 누구라도 읽고 도움을 받을 수 있는 내용이다. 번역도 매끄럽다.

우리가 여기에서 말하는 스토리는 근거 없는 주장, 부풀려진 과장, 허위 선동이 아니다. 데이터를 기반으로 하는 과학적 근거가 시작이며, 그 위에 풍성한 상상력과 커뮤니케이션 기술을 가미하여 타인의 공감과 동의를 끌어내는 세련된 활동이다. 이 책이 의도하는 것과 비슷한 내용을 다루는 책이 앞으로 더 많아졌으면, 그래서 정직하고 흥미로운 스토리가 지금보다 더 풍성해졌으면 하는 바람이다.

임백준
삼성리서치

"현대 사회에서는 데이터가 혁신을 주도하는 일이 많다.
데이터에 스토리텔링을 결합하여 혁신을 이끄는 힘을 기르자."

쉘린 리(Charlene Li)
『The Disruption Mindset』, <뉴욕 타임스> 베스트셀러 『오픈 리더십』(한국경제신문사) 저자

"『데이터 스토리』는 데이터 분석 결과를 설명하는 데 어려움을 겪는 사람들을 위한 지침서다."

잭 제미냐니(Zach Gemignani)
주스 애널리틱스 CEO 겸 『Data Fluency』 저자

"저자는 인간이 데이터를 다룰 때도
이야기로 표현하고 싶은 욕구가 있음을 인식하고 이를 활용한다.
저자는 이 책에서 본인의 노하우를 통해 가르침을 주는 동시에 인사이트를 준다."

스콧 배리나토(Scott Berinato)
『Good Charts』와 『Good Charts Workbook』 저자

"언제나 낸시는 책을 쓰면서 자신이 가진 모든 것을 쏟아낸다.
『데이터 스토리』는 그녀가 쓴 역대 최고의 책이다.
가장 놀라운 사실은 그녀가 멋진 아내이자 CEO, 회사 경영자,
그리고 작가라는 역할을 모두 소화한다는 것이다."

마크 두아르테(Mark Duarte)
저자의 남편

독자의 말

모든 비즈니스 전문가가 지금 당장 읽어야 하는 책!

낸시 두아르테는 훌륭한 이 책을 통해 데이터를 효과적으로 전달해
청중에게 영감을 주는 과정에서 이야기의 힘을 활용하는 방법을 알려주고 있다.
낸시 두아르테의 지난 저서인 『Slide:ology』, 『Resonate 공감으로 소통하라』와 함께
항상 곁에 두고 참조하고 싶은 책이다.

토드 처치스(Todd Cherches)

분야와 직무를 막론하고 반드시 읽어야 하는 책!

오늘날, 우리는 무궁무진한 데이터에 손쉽게 접근할 수 있다.
만약 당신이 데이터를 기반으로 어떤 발표를 해야 한다면 무궁무진한 데이터에 압도될 수도 있다.
이 책은 데이터 속에서 압도되지 않고 필요한 데이터에 초점을 맞추고,
그 데이터를 설득력 있는 이야기로 바꾸는 방법을 알려준다.

줄리 량(Julie Leong)

복잡한 데이터를 통찰력 있는 스토리텔링으로 바꾸는 방법!

이 책은 복잡한 데이터 통찰을 단순하면서도 실천 가능한 이야기로 발전시켜 청자의 행동을 유도하는
놀라운 책이다. 또한 올바른 구조로 스토리를 구축하기 위한 다양한 접근 방식을 제공한다.
모든 데이터 분석가와 데이터를 활용하고 싶은 리더에게 이 책을 추천한다.

Drew26.2

모든 리더를 설득하기 위한 필독 도서

우리는 거의 모든 산업에서 데이터를 다룬다.
그리고 실제로 우리 모두 한 번쯤은 의사결정을 내리거나 의사결정자를 설득하기 위해
압도적인 데이터 속에서 유의미한 정보를 추출한 경험이 있다.
『데이터 스토리』는 복잡한 데이터를 설득력 있는 이야기로 바꾸고 다른 사람에게
영감을 주는 방법을 흥미롭게 설명하는 책이다.

재클린 비트닉(Jacqueline Beatnik)

데이터를 효과적으로 전달해야 하는 상황에 부닥쳤다면 반드시 읽어야 할 책!

낸시 두아르테는 『데이터 스토리』를 통해 데이터를 어디에나 적용 가능한 매력적인 이야기를 만드는
과정을 하나하나 차근차근 알려주고 있다. 추천하지 않을 수가 없다!
우리 팀원에게 이 책을 주기 위해 3권을 더 주문했다.

린 길리스(Lynne Gillis)

옮긴이의 말

구슬이 서 말이라도 꿰어야 보배라고 한다. 이 책을 한 마디로 설명해야 한다면 이 속담이 제격이 아닐까 생각한다.

'데이터 스토리', 언뜻 들으면 귀에 쏙 들어오는 제목이지만 다시 한번 생각해보면 데이터와 스토리가 서로 무슨 상관이란 말인지 고개가 갸우뚱해지기도 한다. 소통에 있어 스토리텔링이 얼마나 중요한지는 홍보나 영업을 하는 분들이라면 이미 잘 알고 계실 것이다. 감성을 자극해서 공감을 이끌어내는 마케팅, 사람들을 설득하는 프레젠테이션에서는 이야기를 곁들여서 효과를 높인다는 개념이 지극히 자연스럽게 느껴진다. 하지만 데이터는 조금 다른 존재가 아닌가? 어떤 순간에도 객관성과 정확성을 지켜야 하는 게 데이터이니 말이다.

하지만 이 책에서 낸시 두아르테가 말하는 데이터 스토리란 데이터를 소재로 해서 한 편의 소설을 쓰는 것이 아니고, 원하는 이야기에 맞춰서 없는 데이터를 만들어내는 것은 더더욱 아니다. 우리가 프레젠테이션을 하는 목적은 궁극적으로 타인을 설득하는 것이고, 데이터는 이 목적을 이루기 위해 사용하는 재료다. 그래서 타인을 설득하는 것이 우리가 만들어야 할 '보배'라면 데이터는 그 보배를 만들기 위해 꿰어야 하는 '구슬'이다. 이 책을 통해서 배울 수 있는 건 이야기 구조라는 '실'을 사용해서 데이터라는 구슬을 꿰는 방법이다. 이 실을 어떤 길이와 모양으로 엮고 어떤 구슬을 어떤 순서로 꿰는지에 따라 같은 재료를 가지고 근사한 목걸이를 만들 수도, 아무도 원하지 않아 먼지만 뒤집어쓸 목걸이를 만들 수도 있는 일이다.

프레젠테이션을 위한 데이터도 마찬가지다. 같은 데이터를 가지고도 어떤 통찰을 담아 어떻게 전달하는지에 따라 모두를 감동시킬 수도, 모두를 지루함에 몸서리치게 만들 수도 있다. 데이터라는 서 말의 구슬을 잘 꿰어서 진짜 보배로 만드는 방법을 이 책에서 함께 배워보자.

권혜정

감수자의 말

저자는 다음과 같이 책을 마무리하고 있다.

'무슨 일이 일어났는지 설명하려면 데이터의 힘을 빌려야 하고, 그 일이 어떤 의미를 지니는지 설명하려면 이야기의 힘을 빌려야 한다.'

시공간을 초월하여 '이야기'를 잘하는 스토리텔러(storyteller)는 사람들에게 큰 영향력을 끼칠 수 있는 존재였다. 현대에서는 단순히 이야기를 잘하는 사람보다 한 단계 더 나아가 '데이터에 기반한' 이야기를 잘 풀어내는 사람이 더욱 큰 힘을 발휘한다. 하지만 데이터를 자유자재로 다루는 이야기꾼의 수준에 도달하는 것은 결코 쉽지 않다.

본인은 한국과 미국에서 10여 년간 직장 생활을 하며 데이터를 바탕으로 한 의사소통 및 전달의 필요성을 절실히 느껴왔다. 그렇기에 이 책의 내용에 더욱 공감할 수 있었고 이를 국내 독자들에게 소개하고 싶었다. 또한 미국 아마존의 관련 주제 도서 목록 가운데, 이 책은 출시 이후 가장 많은 독자가 선택한 책이기도 하다. 이는 데이터 스토리텔링에 대한 이야기를 쉽고 효과적으로 독자들에게 전달하고 있는 것을 증명한다.

이 책에서 저자는 많은 사례를 제시하고 있다. 감수자로 참여하며 이 책의 원서에 포함된 많은 해외 사례들과 낯선 용어를 국내 독자들에게 익숙한 사례로 바꾸고 추가 설명을 통해 저자의 의도가 최대한 전달되도록 노력하였다.

이 책은 '데이터를 어떻게 분석하느냐'에 대한 기술서가 아닌 '데이터로 어떻게 소통하느냐'에 관한 책이다. 그렇기 때문에 데이터 시대에 데이터를 기반으로 의사소통을 해야 하는 숙명 속에 살아가는 우리 모두에게 도움이 될 책이라고 생각한다.

이 책의 감수 과정에 참여하여 한국 독자들과 지식을 공유하며 이를 널리 알릴 기회를 가지게 된 점에 큰 보람을 느낀다.

윤영진

목차

들어가며

PART 1
데이터로 소통하기

CHAPTER 01 데이터로 소통하는 사람 되기

CHAPTER 02 의사결정자와 소통하기

PART 4
실전! 데이터 활용하기

CHAPTER 09 규모로 보여주기

CHAPTER 10 데이터 의인화하기

CHAPTER 11 데이터를 활용한 스토리텔링

부록

들어가며

본문의 각주는 별도 표기가 없는 경우 감수자 주

스토리텔링의 효과 알아보기

스토리텔링은 듣는 사람의 뇌를 자극해 즐거움을 선사한다.
스토리텔링이 다른 소통 방식에 비해 뇌를 더 자극하는 이유를 찾기 위해 과학자들은
이야기를 듣는 동안 사람의 뇌에 어떤 변화가 일어나는지 연구했다.

감각을 일깨우는 이야기

이야기를 듣는 동안 뇌는 직관, 감정, 이성, 육체 등을 포함한 모든 차원에서 자극을 받는다. 뇌는 대뇌변연계(정서를 담당하는 부분)에서 보상과 교감의 감정을 자극하는 화학 물질을 분비하면서 이야기를 더 완전하게 이해할 수 있도록 반응한다. 이야기는 브로카Broca 영역(언어 처리)과 베르니케Wernicke 영역(언어 이해)을 자극하고, 이 자극은 우리 몸속의 운동 피질, 청각 피질, 후각 피질, 시각 피질, 공유 기억, 편도체로 퍼진다.[1]

서로를 이어주는 이야기

이야기는 말하는 사람과 듣는 사람을 밀접하게 연결한다. 우리는 이야기를 듣고 나면 기쁨, 슬픔, 분노, 공포 등의 감정을 느낀다. 말에는 감정이 담기기 마련이고 그 감정이 이야기를 통해 전달되기 때문이다. 이렇게 감정이 동기화되면 듣는 사람과 말하는 사람은 서로 같은 감정을 느낀다는 인상을 받으면서 유대감을 쌓게 된다.[2]

우리가 어떤 이야기에 빠져들면 뇌는 몸의 여러 반응을 유발한다.

이야기를 들으면 감정의 변화가 생긴다. 이는 이야기 속에 담겨 있는 감정을 자연스럽게 받아들이는 방향으로 뇌가 활성화되기 때문이다.

감정을 자극하는 이야기

이야기에는 듣는 사람으로 하여금 그 이야기 속 세계에 들어갔다 나온 듯한 기분이 들게 하는 마력이 있다. 어떤 이야기에 푹 빠지면 이미 호감이 생긴 탓에 비판적인 관점을 가지기 어려워진다. 반면 똑같은 내용이라도 하나하나 분석하듯 설명하면 듣는 사람은 한 발짝 물러나 냉철한 시선을 장착하게 된다. 이런 이유로, 제품 광고에 스토리텔링을 입히면 소비자는 그 제품을 통해 만족하는 자신의 모습을 상상하면서 은연중에 그 물건을 갖고 싶어 한다.[3]

마치 자신이 이야기 속 주인공이라도 된 듯한 대리만족을 느끼게 되면 이야기에 몰입하게 된다.

행동을 이끌어내는 이야기

우리는 이야기를 통해 공감한다. 참가자들에게 어떤 아버지와 죽어가는 어린 아들의 이야기를 들려주고 이들의 신경 반응을 측정한 연구가 있었다. 그 결과 가장 강하게 유발된 감정은 고통이었다. 참가자들의 상태를 비교했더니 주의를 집중시키는 호르몬인 코티솔cortisol과 공감에 관련된 옥시토신oxytocin 분비량이 급증했다. 다시 말하자면 이야기가 실제로 뇌에 화학 작용을 일으켜 사람들이 공감(고통)을 느끼게 만들었다는 것이다. 공감은 행동을 이끌어내는 동기가 된다. 공감을 느낀 사람들은 좋은 상황을 유지하기 위해서나 나쁜 상황을 개선하기 위해서 행동하기 때문이다.[4]

사람들은 흥미로운 이야기를 들으면 공감하고, 다른 사람과 함께하고 싶어 한다.

숫자를 이야기로 바꾸기

저자가 운영하는 회사의 핵심 가치는 '공감'이다. 이야기는 사람의 마음을 움직여서 행동을 이끌어내는 수단이다. 이 책은 이야기 형태로 데이터를 전달하는 기술을 소개한다. 데이터만 불쑥 내밀어서는 다른 사람들이 그 안에 담긴 뜻을 이해할 수 없다. 데이터를 이야기로 풀어낼 줄 알아야 한다.

우리는 다양한 도구를 활용하여 여러 대상(사람, 장소, 사물, 생각 등)을 측정하고 데이터로 기록할 수 있다. 하지만 데이터가 시사하는 바를 이야기로 풀어내지 못한다면 그 데이터는 어떤 가치도 가지지 못한다. 이야기가 중요한 이유는 인간의 뇌가 이야기 형식을 띤 데이터를 잘 받아들이도록 설정되어 있기 때문이다. 그러니 데이터를 바탕으로 생생한 이야기를 만들어낼 수 있다면 데이터가 시사하는 바에 공감대를 형성할 수 있다.

칩 히스Chip Heath와 댄 히스Dan Heath가 쓴 책 『스틱!』을 보면 칩 히스가 스탠퍼드 대학교 수업에서 진행했던 실험 이야기가 나온다. 참가자들에게 똑같은 데이터를 분석 형태와 이야기 형태로 제시하고 어떤 방식을 더 잘 기억하는지 비교해보는 실험이었다. 그는 참가 학생들에게 범죄와 관련된 통계 자료를 나눠주고 범죄에 대해 1분 동안 설명해보라고 했다. 대다수 학생은 통계 자료를 평균 2.5번 인용하며 설명했는데, 한 학생만 이야기로

데이터를 설명했다. 발표가 끝난 다음 학생들에게 지금까지 들은 내용을 기억해보라고 했다. 그 결과 통계 자료를 기억한 학생은 단 5%에 불과했지만, 이야기를 기억한 학생은 63%에 달했다.[5] 이는 이야기를 들으면서 어떤 감정을 느꼈고, 그 감정이 활성화됐기 때문이다.

이 책은 데이터를 이야기로 소통하는 방법에 대해 설명한다. 여기서 말하는 이야기는 없는 사실을 꾸며내는 것이 아니라, 데이터를 설명할 때 듣는 사람이 내용을 기억하기 쉬운 이야기 구조를 활용하자는 뜻이다. 앞서 말한 것처럼 이야기는 듣는 사람의 마음을 꿈틀하게 만들어서 행동을 유발하는 힘이 있기 때문이다.

데이터보다 오래 기억되는 이야기

데이터

차가움, 사실적, 객관적

5%

단 5%만이
통계 자료를 기억했다.

VS.

이야기

따뜻함, 감정적, 주관적

63%

무려 63%가
이야기를 기억했다.

데이터로 소통 주도하기

현재 빅 데이터, 스몰 데이터, 딥 데이터, 심층적 데이터 등 데이터를 분석하는 방법에 대해 많은 논의가 이루어지고 있다. 논의가 많다는 건 그 만큼 우리의 삶을 발전시키기 위해 데이터를 활용하는 조직이 많다는 뜻이다. 그렇지만 데이터가 있다고 해서 모든 문제를 해결할 수 있는 건 아니다.

데이터는 과거의 일을 숫자로 기록해 놓은 것에 불과하므로 올바른 결정을 위해서는 데이터가 보여주지 못하는 진실을 찾아내야 한다.

경영자는 조직의 미래 구상에 많은 시간을 투자해야 하기에, 데이터를 분석하면서 그 안에서 진실을 찾아내는 데 쓸 시간이 부족하다. 그러니 누군가 데이터를 경영자에게 정확하게 전달할 수만 있다면 조직의 미래에 큰 영향력을 미칠 수 있다. 여기서 한 발짝 더 나아가 인류에 도움이 되도록 조직의 미래를 결정할 수도 있다.

데이터를 통해 진실을 알고 나면 앞으로 어떤 방향으로 나아가면서 무슨 행동을 해야 할지가 보인다. 그 진실을 효과적으로 전달한다면 다른 사람도 우리가 본 미래를 확인하고 함께 행동할 것이다.

효과적인 소통은 공감으로부터 시작된다. 저마다 선호하는 정보 습득 방식은 다르므로 의견을 제대로 전달하기 위해서는 의사결정자가 선호하는 정보 습득 방식이 무엇인지 먼저 생각해야 한다. 명백한 결과를 보여주는 그래프라도 익숙하지 않은 사람들에게는 복잡하거나 모호해 보이는데, 그래프를 이해하지 못하는 사람에게 문제가 있는 건 아니다. 그저 배경지식과 데이터 분석 능력의 차이에 따른 문제일 뿐이다. 데이터를 분석하는 사람 입장에서는 너무 단순화된 것 아닌가 싶은 그래프가 다른 사람들에게는 그나마 이해하기 쉬울 수도 있다.

이 책의 주제는 '데이터 소통법'이다. 데이터 소통을 위해서 가장 먼저 해야 할 일은 전달 대상에 맞는 데이터 구성이다. 일반적으로 조직(기업, 공공기관, 비영리단체 등)에서는 직원이 데이터를 통해 제안(행동 계획, 보고)하고 의사결정자의 승인을 받는 절차를 거친다. 이때 소통에 능한 사람이라면 데이터를 간결하고 명확하게 구성해서 별 어려움 없이 승인을 받아낸다.

명료한 이미지와 어휘를 사용해서 데이터를 구성하면 핵심 메시지를 강조해서 제안의 설득력을 높일 수 있다. 이런 소통 방식을 통해 다른 사람의 마음을 얻을 줄 아는 사람은 앞으로도 승승장구할 가능성이 크다.

데이터를 효과적으로 제시한다는 말은 현란한 그래프를 만들어서 컴퓨터 실력을 자랑하는 것이 아니라 적절한 양의 정보를 전달받는 사람에게 적합한 방식으로 제공한다는 뜻이다.

소통 역량에 따른 경력 발전

영감을 주다

경영자

데이터를 효과적으로 전달하는 발표로
다른 사람의 행동을 이끌어낸다.

설명하다

전략적 조언자

문서를 활용해 이야기를 갖춘 제안을 하고
자신의 관점을 설명한다.

탐구하다

개인적인 기여

다른 사람이 데이터를
이해할 수 있도록 분석한다.

소통 역량에 투자하기

모든 업계에서 데이터를 활용하는 직무가 급증하는 추세다. 많은 기업에서
데이터 분석 역량보다 데이터 소통 역량이 뛰어난 인재를 간절히 원하고 있다.

2018년 말에 링크드인[LinkedIn][1]의 CEO 제프 와이너[Jeff Weiner]는 역량 격차에 대한 자사의 연구 결과를 발표했다. 그들은 탤런트 인사이트[Talent Insights]라는 도구를 활용해서 온라인에 게시된 채용 공고에서 요구하는 역량과 그 공고에 지원 가능한 사람들의 역량을 비교해보았다. 역량의 격차가 가장 큰 부분은 바로 소프트 스킬[Soft Skill][2]로 160만 건의 격차가 있었다. 그중 약 99만 3,000건이 말하기(소통) 역량이었고, 1만 4,000건이 글쓰기 역량이었다. 이 결과를 발표하면서 와이너는 말하기(소통) 역량이 뛰어난 인재는 인공 지능에 일자리를 빼앗기지 않을 것이라고 추측했다.

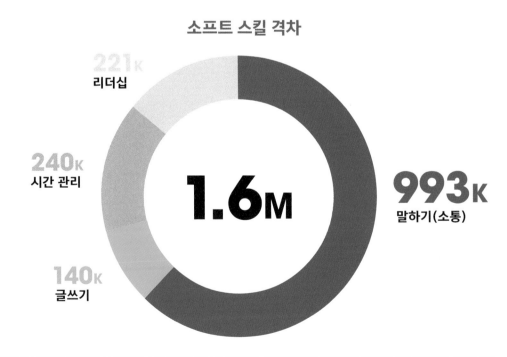

소프트 스킬 격차

221k
리더십

240k
시간 관리

140k
글쓰기

1.6M

993k
말하기(소통)

---

1 개인 친목에 집중한 페이스북이나 인스타그램과 달리 비즈니스에 집중한 소셜 네트워크 서비스다. 미국에서는 링크드인을 통해 업계 정보를 파악하고, 구인·구직을 하는 경우가 많다.
2 친화력, 의사소통 능력, 문제 해결 능력, 리더십 등 모든 직무에서 사용할 수 있는 개인의 고유한 속성(성격)을 말한다. 이와는 반대로 테크니컬 스킬(Technical Skill)은 기획력, 코딩 능력, 엑셀 활용 능력, 데이터 분석 능력 등 실제로 업무를 수행하는 데 필요한 기술을 말한다.

IBM이 버닝 글라스 테크놀로지스Burning Glass Technologies **3**에 의뢰해서 진행한 연구에 따르면, 고용주들은 데이터를 다루는 직무에서 소프트 스킬을 특히 더 중시했다고 한다.[6] 다시 말해, 그들은 데이터 탐구 능력은 물론이고 문제 해결 능력과 작문 실력까지 겸비한 직원을 원하고 있다.

기업이 원하는 소프트 스킬 중에는 창의력도 있다. 여기서 말하는 창의력이란 없는 데이터를 만들어내는 능력이 아니라 직관을 통해 데이터로부터 더 나은 미래를 도출하는 문제 해결 능력을 뜻한다. 이런 소프트 스킬은 과학, 재무, 통계 과목보다는 교양이나 인문 과목을 공부하면서 기를 수 있다. 이제 와서 다시 학교로 돌아가 수업을 들을 수도 없는 노릇이니 이 책을 통해 소프트 스킬을 기를 수 있는 소통 방법을 배워보자.

직무별로 요구되는 소프트 스킬 비율
데이터를 다루는 직무 VS 그외의 직무

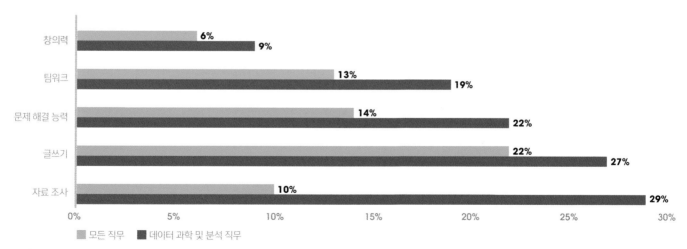

위의 데이터는 버닝 글라스 테크놀로지스(Burning Glass Technologies)의 맷 시걸먼(Matt Sigelman)이 2017년 2월 10일에 발표한
「숫자로 이해하는 데이터 과학자 및 분석가의 구직 시장(By the numbers: The job market for data science and analytics)」에서 발췌했다.

3 미국 보스턴에 본사를 둔 일자리 데이터 분석 업체다.

이야기의 힘을 내 것으로 만들기

이 책을 읽고 나면 데이터 스토리를 활용하여 다른 사람의 행동을 이끌어내는 방법을 알 수 있다.
분야를 막론하고 경영자는 데이터 수집과 분석에 막대한 비용을 투자하고 있으며 데이터의 핵심을
설득력 있게 전달해줄 전문가를 기다리고 있다.

저자는 이 책을 집필하면서 함께 일한 고객사들의 슬라이드를 많이 사용했다. 왜 차트가 아닌 슬라이드를 이용했을까? 슬라이드는 전략적 사고를 바탕으로 만들어낸 기발한 시각 자료를 이야기 형태로 소개할 때 가장 많이 사용되는 방법이기 때문이다. 저자는 여러 산업에 걸쳐 세계 최고의 브랜드들이 만든 슬라이드를 살펴보았고 그 속에 담겨있는 차트 유형과 사용된 어휘들을 상황별로 분류해 수록했다.

이 책에 수록된 상당수의 슬라이드는 발표할 때 화면에 띄우는 자료가 아니라, 사람들이 읽기 쉽게 만든 배포용 문서다. 그래서 일반적인 발표용 자료보다 글과 그림이 많이 들어가 있다.

또한 차트를 많이 사용하지 않았으며 사용한 차트는 주변에서 흔히 접할 수 있는 차트보다 훨씬 더 간결하게 표현했다. 왜냐하면 이 책의 주제가 '차트 분석법'이 아니라 '데이터 소통법'이기 때문이다. 그래서 단순한 데이터를 사용했고, 중요한 데이터가 가장 돋보일 수 있는 차트를 수록했다(그러니 업계에 상관없이 모두가 사용할 수 있다!).

소통은 정말 쉽지 않은 일이다. 하지만 그만큼 그에 따르는 보상은 엄청나다. 여러분의 조직이 상상할 수 없을 정도로 발전하고, 여러분의 커리어 역시 몰라볼 정도로 발전할 것이다. 아무쪼록 이 책이 여러분에게 도움이 되었으면 좋겠다.

낸시 두아르테^{Nancy Duarte}

"데이터를 통해 들려줄 수 있는
이야기는 무궁무진하다.
제대로 된 이야기꾼이
별로 없을 뿐이다."

낸시 두아르테

PART

데이터로 소통하기

01

데이터로 소통하는 사람 되기

데이터로 소통하는 능력 기르기

업종을 불문하고 많은 기업이 이미 방대한 분량의 지능형 데이터[1] 시스템을 갖추고 있다. 자체적인 데이터베이스뿐만 아니라 인터넷 또는 다른 경로를 통해 엄청난 양의 데이터를 접한다. 이러한 데이터 접근성은 기업에 차별화된 경쟁력을 심어준다. IDC[2]에 따르면, 2025년까지 전 세계 데이터는 지금보다 10배 더 늘어날 것으로 예측하며, 이를 용량으로 산정하면 175제타바이트[3] 정도다.[7]

우리가 현재 소프트웨어를 활용하면서 보고 듣고 행동하는 모든 것을 누군가는 디지털 형태의 데이터로 만들어 수집한다. 기업은 데이터 수집을 통해 새로운 비즈니스 모델을 개발하고, 직원들의 생산성을 높이고, 서비스를 개선하여 고객 만족도를 높일 수 있다. 고객은 전 세계 어디서나 원하는 데이터를 손쉽게 확인할 수 있으며 데이터 기반의 실시간 서비스를 이용할 수 있다. 그러므로 데이터를 활용해 사용자의 기대치를 만족시키지 못하는 기업은 도태되거나 역사의 뒤안길로 사라질 수 있다.

효율적인 데이터 관리도 중요하지만, 그보다 더 중요한 일은 보유한 데이터를 잘 활용해서 효과적인 의사결정으로 이끄는 것이다. 실시간으로 쏟아지는 엄청난 분량의 데이터를 가치 있게 활용하기 위해서는 각 분야의 전문가들이 데이터를 정확하게 이해하고 목적에 맞게 적극 활용해서 실전에 적용할 줄 알아야 한다. 특히 경영자는 의사결정에 있어 데이터 분석 결과를 중요한 판단 근거로 삼기 때문에 데이터를 전문가답게 분석해서 자신에게 설명해줄 수 있는 인재를 곁에 두고 싶어 한다.

이미 많은 부서가 데이터 분석 업무를 수행하고 있다. 예를 들어 마케팅 부서는 매출 현황, 영업 부서는 구매 전환 비율, 인사 담당자는 이직률 또는 인재 잔류율 등의 데이터를 분석한다. PwC[4]에 따르면, 신규 채용 직무 중 데이터 분석 능력을 요구하는 자리의 비중이 약 67%라고 한다.[8]

데이터를 다루며 그 안에서 무언가를 발견해내는 것이 주된 업무인 직군도 있고, 간헐적으로 데이터를 활용하는 직군도 있다. 신입사원으로서 보고서나 발표 자료에 넣을 데이터를 수집하면서 업무를 막 배우는 단계의 사람도 있을 것이고, 본인이 수집했거나 외부에서 받은 데이터를 활용해 발표를 자주 하는 직군도 있다.

하지만 궁극적으로는 의사결정이나 다른 사람을 설득하는 수단으로 데이터를 활용한다. 지금 어떤 분야에서 일하고 있든, 데이터를 잘 이해하고 그 안에서 찾은 의미를 효과적으로 전달할 줄 안다면 성공적인 커리어에 큰 도움이 될 것이다. 데이터로 자신의 생각을 명료하고 설득력 있게 전달하는 사람은 어디서나 돋보이고 언제나 필요하기 때문이다.

---

[1] 단순히 저장된 자료를 넘어서 사용자가 본인의 목적에 맞게 사용할 수 있도록 다양한 형태로 관리되는 자료를 말한다. 환자의 차트, 엑스레이 이미지, 병력 기록 등을 손쉽게 조회할 수 있는 병원 데이터가 지능형 데이터의 일종이다.
[2] 미국 프레이밍햄에 본사를 둔 IT, 통신 분야 리서치 전문 회사다.
[3] 1제타바이트는 0이 21개나 들어간 1,000,000,000,000,000,000,000바이트이며, 1조 기가바이트와 같은 용량이다. (저자 주)

**"이제 기업에서
높은 자리로 올라가려면
데이터를 다루는 능력이
필수다.**[9]**"**

조시 버신[5]

---

4 영국 런던에 본사를 둔 다국적 회계 및 컨설팅 전문 기업이다.
5 미국 뉴욕에 본사를 둔 회계법인 딜로이트의 임원으로 25년간 컨설팅 업무를 진행했다.

스토리텔링으로 데이터 설명하기

데이터를 이해하고 누군가에게 설명한다고 해서 그 사람이 곧장 설득되는 것은 아니다.
타인을 설득하는 수준에 이르려면 넘어야 할 산이 많다.
데이터 활용 능력에 따라 조직 내에서 단순 분석 능력만 요구하는 직급에 머무는 사람도 있고,
창의적이고 비판적인 사고를 통해 고도의 문제 해결 능력을 필요로 하는 관리자급으로 올라가는 사람도 있다.
여기에 데이터 기반의 의사소통 역량까지 겸비한 인재는 조직 내에서 가장 핵심적인 임무를 맡아
경영자에게 조언과 제안을 하며 조직의 변화를 이끄는 주체가 될 수 있다.

**책상에 앉아 주어진
업무만을 하는 수동적인 직원에서**

데이터 이해하기

문제와 기회를 파악하라!

몇몇 사람은 데이터를 이해하는 일에 익숙할 수도 있다. 원데이터$^{Raw Data}$에서 반복되는 패턴을 찾아 문제를 파악하고 기회를 포착하는 것은 물론이거니와 수많은 차트를 분석하고 그 안에 숨은 의미를 찾아내는 걸 즐기고 있을 수도 있다.

반면에 데이터에서 도출한 결론을 바탕으로 윗사람들에게 새로운 아이디어를 제안하는 일이 자신의 역할을 넘어선다고 생각하고 단순히 데이터 수집, 정제, 분석 업무만 하고 싶어하는 사람도 있을 것이다. 즉 데이터의 의미를 이해하고 그 속에서 가치를 발견하기보다는 데이터 처리 작업 자체를 다루는 것만 즐기거나 데이터를 분석하는 데 필요한 기술에만 집중하는 것이다. 높은 단계로 승진하는 것을 원하지 않는다면 그렇게 해도

괜찮다. 하지만 경영진과 소통하고 자신의 아이디어를 제안하여 조직의 앞날을 결정하는 데 기여하는 위치까지 올라가고 싶다면 데이터로 소통하는 능력을 길러야 한다. 인공 지능$^{Artificial Intelligence}$과 기계 학습$^{Machine Learning}$이 발달할수록 기계적인 단순 반복 업무는 로봇으로 대체될 것이다. 그러므로 데이터를 탐구하고 이해하는 과정을 통해 본인이 속한 조직이 앞으로 나아가야 할 방향을 파악했다면 그 방향을 다른 사람에게 효과적으로 설명하는 방법을 배워야 한다.

데이터를 통해
변화를 이끄는 주체가 되자

데이터로 설명하기

문제를 해결하고 기회를 잡아라!

데이터에서 의미를 찾아내어 다른 사람들에게 행동 방향을 제시하는 일을 매일같이 하는 사람도 있다. 이들은 어떤 식으로 말을 해야 다른 사람들이 공감하고 자신을 따라줄지 늘 고민한다.

데이터 기반의 새로운 아이디어를 제안하려면 우선적으로 데이터를 면밀하게 검토해야 한다. 검토 결과를 바탕으로 여러 가지 해석과 판단을 할 수 있기 때문이다. 예를 들어 차트에서 특정 수치가 올랐다고 하자. 이 수치의 변화는 좋은 일인가? 예상했던 일인가? 이 변화 방향으로 계속 가도 되는 것일까? 데이터의 방향을 바꾸려면 어떻게 행동해야 할까? 바람직한 의사결정을 위해서 필요한 데이터를 모두 확보했는가? 등을 검토해보자.

그다음은 도출한 결론에 근거하여 새로운 관점을 만들고 제안을 구성해야 한다. 변화를 위한 새로운 아이디어를 제안하려면 큰 용기가 필요하지만 그 용기의 대가로 더 높은 자리로 도약할 수 있다. 의사결정에 영향을 줄 수 있는 높은 자리로 올라간다는 것은 흥분되는 동시에 막중한 책임과 의무를 짊어져야 한다는 뜻이기도 하다. 다시 말해 새로운 아이디어를 제안한다는 것부터 대단한 책임이 따르며, 어떻게 제안하느냐에 따라 여러분의 인생이 결정되기도 한다. 자신의 생각을 의미 있는 스토리텔링으로 전달할 수 있다면 여러분은 신뢰받는 조언자가 될 수 있다.

데이터로 주변 사람들을 도와주는 멘토 되기

영화나 소설 속 주인공의 멘토는 중요한 역할을 한다.
주인공이 막다른 길에 몰리면 절묘한 순간에 나타나 주인공에게 도움을 준다.

영화 <스타워즈> 시리즈에서 제다이 기사 오비완 케노비[6]는 루크 스카이워커에게 광선검을 주고 포스에 대해 가르쳐준다. 이렇듯 영화나 소설 속에서 멘토는 본인만이 가진 신비한 재능이나 도구를 주인공이 요긴하게 쓸 수 있도록 건네주곤 한다.

이 공식을 데이터와 연결 지어 생각해보자. '데이터'라는 신비한 도구와 재능이 있다면 여러분은 영화나 소설 속 멘토처럼 데이터를 활용해 적절한 시기에 막다른 골목에 선 주인공(의사결정자)에게 중요한 조언을 함으로써 길을 열어 줄 수 있다. 주인공(의사결정자)은 여러분의 조언 덕분에 '조직의 미래'라는 이야기의 결말을 '해피엔딩'으로 바꾸게 될 것이다. 의사결정자뿐만 아니라 도움이 필요한 사람 누구에게나 절묘한 순간에 데이터를 제공함으로써 원하는 목표를 달성할 수 있도록 도와줄 수 있다. 그러므로 '데이터'라는 도구 활용법을 연마해서 주변 사람들을 도와주는 멘토가 되어 보자.

멘토가 데이터를 활용하는 세 가지 기법은 다음과 같다.

- **상황에 따라 반응하기**: 데이터를 수집하고 관찰한다. 그리고 문제를 발견한 후 다른 이들이 문제를 인지하도록 알려준다.
- **상황을 주도하기**: 앞으로 일어날 일을 예방하거나 어떤 사안을 빠르게 진행하기 위해서 데이터를 적극 활용한다.
- **상황을 예측하기**: 반복되는 데이터 패턴을 파악하고 다음에 일어날 일을 예측한다.

이와 같은 기술을 숙달하면 유능한 조언가로 거듭나 중요한 프로젝트나 그 밖의 의사결정이 필요한 상황에서 선택받는 기회를 얻을 수 있다.

---

6 영화 <스타워즈> 시리즈에 등장하는 제다이(기사이자 학자)다.
올곧고 지혜로우며, 검술 실력도 뛰어난 제다이의 모범이며 영화 속에서 주인공들에게 많은 가르침을 준다.

큐(Q) 박사
+
제임스 본드
(007)

무파사
+
심바
(라이언킹)

사막의 여우
+
어린왕자
(어린왕자)

아이언맨
+
스파이더맨
(어벤저스)

착한 마녀
+
도로시
(오즈의 마법사)

알프레드
+
배트맨
(배트맨)

덤블도어 교수
+
해리 포터
(해리 포터)

벤 파커
+
피터 파커
(스파이더맨)

요정 할머니
+
신데렐라
(신데렐라)

지미니 크리켓
+
피노키오
(피노키오)

지니
+
알라딘
(알라딘)

메리 포핀스
+
마이클, 제인 뱅크스
(메리 포핀스)

알프레도
+
토토
(시네마 천국)

벤
+
줄스
(인턴)

모피어스
+
네오
(매트릭스)

제갈공명
+
유비
(삼국지)

데이터로 문제 해결의 기회 포착하기

경영자 또는 조직의 리더들은 하루에도 수천 가지 결정을 내린다.
이 모든 결정의 많은 부분이 데이터와 관련된다. 간단하고 직관적인 데이터를 활용하기도, 복잡하고
방대한 데이터를 활용하기도 한다. 때로는 과거 사례를 참고할 수 없어서 처음부터 데이터를 분석하고
이해해야 하는 경우도 있다.

의사결정은 대부분 조직의 운영과 성장에 중요한 역할을 한다. 데이터를 활용하여 업무를 수행하는 담당자들은 여러 모니터 화면에 대시보드dashboard **7**를 띄워 놓고 현황을 관찰하면서 데이터에 급격하거나 중대한 변화가 있는지 예의주시한다. 그리고 조직 내외부의 방대한 정보를 수집하여 종합적인 관점에서 중요한 의사결정을 내린다.

본격적으로 데이터를 통해 의사를 전달하기에 앞서 우선 의사결정 범위를 '개별적 의사결정', '운영상 의사결정', '전략적 의사결정'으로 나눠서 살펴보자.

---

7 사용자가 여러 정보를 쉽고 빠르게 비교할 수 있도록 여러 차트와 관련 정보를 한 화면에 모아둔 것이다.
실시간으로 데이터 변화를 파악하고, 그 속에서 통찰을 얻을 때 주로 사용된다.

데이터로 도출하는 의사결정 3단계

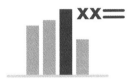

개별적 의사결정

주어진 데이터를 활용하여 차트를 만들고 문제를 해결하는 과정을 통해서 지금 하는 일을 멈출지, 새로운 일을 시작할지, 기존 방식이 옳다고 보고 현 상태를 유지할지, 다른 일을 시작할지 등을 결정하는 개별적 의사결정을 할 수 있다. 직면한 문제가 단순하든 복잡하든, 자신의 직관에 비춰 데이터를 분석하면 현재의 상태가 더 명확하게 보인다. 예를 들어 광고비와 매출의 상관관계를 파악하고 광고 캠페인을 새로 만들지에 대해 결정하거나 가격 인상 후 매출 변화와 전월 대비 수익 변화를 확인한다.

운영상 의사결정

운영상 의사결정은 일간, 주간, 월간, 분기별, 연간 실적 데이터를 지속적으로 평가하는 과정에서 이루어진다.

데이터의 변화를 추적할 때는 실시간 대시보드가 효과적인데, 이는 현재 상황과 데이터의 오류를 확인할 수 있기 때문이다. 데이터가 예상대로 흘러가고 있는지 확인하고, 예상과 다르게 흘러가고 있다면 분석을 통해서 운영상 필요한 의사결정을 할 수 있다.

전략적 의사결정

전략적 의사결정은 조직의 미래를 판가름할 수 있는 중요한 의사결정이기에 다양한 채널을 통해서 데이터를 수집하고 종합적으로 바라보는 능력을 필요로 한다. 경우에 따라 전략적 의사결정은 조직을 넘어 관련 업계에 큰 파장을 일으킬 수도 있다. 전략적 의사결정의 예로는 경쟁사를 인수M&A할지, 신제품을 개발하고 투자R&D할지, 다른 기업과 협력 관계를 맺을지, 새 복지 제도를 도입할지 등 조직 전체에 영향을 줄 만한 결정을 들 수 있다. 그러므로 이런 결정을 책임지는 사람에게 적절한 데이터를 효과적으로 제시하는 것이 관건이다.

데이터 앞에서 창의적으로 사고하기

현대 사회의 기업은 빠르게 변화한다. 방대한 데이터를 보유하고 있더라도 의사결정에 꼭 필요한 내용은
없을 수도 있기에 원하는 데이터 없이 직관에 의존하여 결정을 내려야 할 때도 있다.

결정을 내릴 때 데이터에 너무 의존하면 정보 과다로 분석 불
능 상태가 될 수도 있다. 전략적 의사결정을 내릴 때 우리는 알
수 없는 미래를 예측해야 한다. 하지만 가용한 데이터는 대부분
과거에 기반한 기록일 뿐 데이터 그 자체가 미래를 보여주지 않
는다. 그러므로 미래를 예측하고 원하는 방향으로 만들어 가기
위해서는 창의적 사고와 문제 해결 능력이 필요하다.

우리는 흔히 '데이터는 스스로 무언가를 말하고 있다'라고 생
각하지만, 사실 데이터가 혼자서 의미를 명료하게 전달하는 경
우는 거의 없다. 우리가 데이터의 의미를 적극적으로 찾아야 한
다. 미래를 위한 결정을 내리는 과정에서 아무리 확실해 보이는
추세선(데이터의 변화 예측)도 전적으로 신뢰하면 안 된다. 왜
냐하면 그 데이터 추이는 과거에 기반한 분석 결과이고 미래는
언제든지 바뀔 수 있기 때문이다.

TIP ▶ 창의력을 발휘해야 할 때는 숫자를 다룰 때와는 다른 공간에서 시도를 해보
자. 작업 공간을 바꾸는 일은 우리 뇌에 작동 방식을 바꾸라는 신호를 보내는
것과 같다. 창의적인 작업과 데이터를 다루는 작업은 다른 성격의 일이기 때
문에 뇌의 작동 방식을 바꾸는 것이 효율적일 수 있다.

이때 창의적으로 사고하라는 말은 데이터를 이해하고 결론을
도출하는 과정에서 편향된 시각을 투영해서 없는 데이터로 꾸
며내도 된다는 뜻이 아니다. 면밀한 분석을 통해 데이터가 진실
을 보여주고 있다는 확신이 들 때 창의력을 발휘해야 한다.

데이터를 바탕으로 한 최적의 아이디어를 제안하려면 데이터
분석 능력과 직관 그리고 약간의 상상력과 논증 및 사고능력
등을 종합적으로 사용해야 한다. 자신의 아이디어가 옳거나 그
름을 입증하는 단계는 그저 시작에 불과하다. 적절한 데이터를
선택한 다음 창의력을 발휘해서 앞으로 어떤 행동을 취하면 좋
을지 제시해야 한다. 이 단계를 잘 수행하면 그 행동에 대한 설
득력이 강해진다.

데이터의 논리를 도출하는 단계에서 사람들의 관심을 사로잡
는 스토리텔링 단계로 넘어갈 때에도 창의력을 발휘해야 한다.
왜냐하면 스토리텔링 단계는 우리가 발견한 데이터의 의미를
다른 사람에게 전달하는 과정이기 때문이다.

데이터를 논리적으로 이해하고 분석하는 데 익숙한 사람에게
는 이 과정이 낯설고 어려울 수도 있다. 하지만 분석적 사고를
통해 얻은 통찰에 창의적 사고를 더해 전달(스토리텔링)하면
사람들에게 감명을 주고 원하는 행동을 유도할 수 있다.

데이터를 행동 변화로 이끄는 창의적 사고 과정

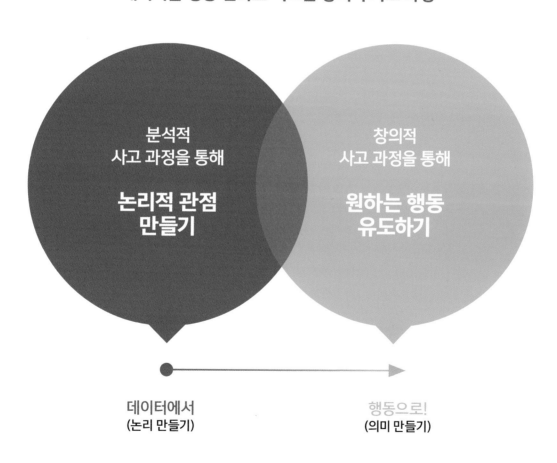

분석적
사고 과정을 통해

**논리적 관점
만들기**

창의적
사고 과정을 통해

**원하는 행동
유도하기**

데이터에서
(논리 만들기)

행동으로!
(의미 만들기)

직관력 기르기

높은 자리에 오르기 위해서는 의사결정 능력이 필요하다.
성공적인 의사결정은 논리와 더불어 탁월한 직관 능력도 필요로 한다. 왜냐하면 데이터 분석에 너무 매달려서
논리적으로만 따지다 보면 지나치게 안전한 결정만 내리게 되기 때문이다.

어떤 회사가 소프트웨어 구독 서비스를 운영한다고 하자. 데이터를 분석해보니 구독 취소 프로세스에 한 단계를 더 추가하면 구독 취소율이 줄어든다는 결과가 나왔다. 그런데 흥미로운 점은 구독 취소를 하기 위해 두세 단계를 추가하면 고객 이탈률이 오히려 늘어난다고 한다. 이유는 무엇일까? 구독 취소를 불편하게 만들면 취소율이 낮아질 수 있다는 사실은 쉽게 유추할 수 있다. 하지만 구독 취소를 짜증 날 정도로 불편하게 만들면 고객 만족도를 떨어뜨려 회사의 평판에 악영향을 주고 이탈한 고객을 다시 불러오기 힘들어지는 악순환으로 이어진다.

전 구글 부사장이자 야후에서 CEO로 재직했던 루미랩스Lumi Labs **8**의 공동 설립자 마리사 메이어Marissa Mayer는 의사결정에 데이터를 적극 이용하는 것으로 유명하다. 그렇다고 마리사가 온전히 데이터에만 의존해서 의사결정을 하지는 않는다. 팟캐스트 <마스터 오브 스케일Masters of Scale>**9**에 따르면 "그녀가 구성하는 데이터 표는 하나하나가 다이빙 보드와 같은 역할을 한다. 이 데이터 표들을 높이 쌓을수록 시야가 넓어지고, 더 높이 점프할 수 있다. 하지만 여기서 핵심은 실제로 뛰어내릴지 말지 결정할 때에는 직관을 따른다는 점이다."[10]

"저는 데이터 중심적인 사고를 좋아하지만, 인간의 본능이라는 요소를 배제하지 않습니다. 데이터를 깊이 있게 파악하고 내용을 이해합니다. … 그다음 직관에 따라 결정을 내립니다. 그 직관 뒤에는 보통 데이터와 뭐라 설명하기 힘든 요소가 숨어 있습니다."
–마리사 메이어

때로는 직관을 따르지 않는 것이 올바른 선택일 때도 있다. 그리고 경우에 따라 데이터에 의존하지 않고 스스로 만들어갈 미래를 상상해야 올바른 방향이 보일 때도 있다. 이런 미래는 데이터가 예측해주지 못한다. 저자의 주변에는 스티브 잡스와 직접 일해본 사람이 많은데 다들 똑같이 하는 말이 있다. 자신이 아무리 많은 준비를 해도, 데이터를 아무리 철저하게 연구해도, 아무리 많은 선택지를 제시해도, 스티브 잡스는 늘 예상을 벗어난 방향을 선택했다는 것이다. 아마도 그는 미리 준비할 수 없는 미래를 내다보고 있었을지도 모른다.

---

8 실리콘밸리에 본사를 두고 있으며 소비자 미디어와 인공 지능에 중점을 둔 기술 스타트업이다. 현재는 사명을 '선샤인'으로 변경하고 연락처 관리 앱을 개발하고 있다.
9 하워드 슐츠(스타벅스 전 CEO), 리드 헤이스팅스(넷플릭스 CEO) 등 유명한 CEO들이 출연한 적 있는 비즈니스 전문 팟캐스트다.

데이터를 경영에 이용한 역사는 그리 길지 않다. 과거에는 대부분 경영자의 직관을 따랐다. 저자 역시 직접 회사를 운영하면서 데이터가 알려주는 방향을 거스르는 의사결정도 많이 했다. 닷컴버블[10]로 인해 경제가 무너지고, 실리콘밸리가 재정적으로 막대한 타격을 입은 시절이 있었다. 그 당시 저자의 회사도 같은 위기에 처해있었다. 그 시절 우리가 제공하던 네 개의 서비스 부문―인쇄, 웹, 멀티미디어, 프레젠테이션―에서 한 부문(프레젠테이션)만 남기고 세 부문을 접기로 결정했었다. 데이터 분석 결과는 달랐다. 그때 당시 저자는 데이터 분석이 가리키는 방향과 달리 한 부분에만 제대로 집중해야 위기를 이겨낼 승산이 가장 크다고 직관적으로 판단했고 그것을 실천했다. 덕분에 기업들이 줄줄이 문을 닫는 와중에도 우리 회사는 직원들을 모두 지켰고, 경기가 회복되면서 성공을 거둘 수 있었다.

위대한 수학자 존 튜키[John Tukey][11]는 이렇게 말했다.

"대략적인 문제에 대해 정확한 답을 내기보다, 올바른 문제에 대해 대략적인 답을 내는 것이 바람직하다."

경영진은 익히 아는 사실이다. 의사결정자로서 항상 제한된 시간에 한정된 데이터를 참고해 결정을 내려야 하기 때문이다. 그러므로 짜임새 있는 제안을 효과적으로 제시하는 사람을 경영자는 통찰력 있는 조언자라고 생각할 것이다.

효과적인 소통에 필요한 데이터 가공 방법을 본격적으로 배우기에 앞서, 다음 챕터에서는 누구와 어떻게 소통 할지에 대해 알아본다.

---

10 1995년부터 2000년 사이, 인터넷 산업이 급속도로 발달하면서 관련 기업의 주가가 급상승했다가 한순간에 거품이 빠지면서 수많은 벤처기업이 파산한 거품 경제 현상이다.
11 기술 통계학에서 수치 자료를 한 공간에 효율적으로 표현하는 그래프인 상자 그림(Box Plot)을 창안한 수학자다.

"최선을 다하는 것만으로는 부족하다. 무엇을 할지 아는 것이 필수이고, 그다음에 최선을 다해야 한다."

에드워즈 데밍[12]

---

12 일본의 품질 관리 운동을 주관한 것으로 유명한 품질 경영의 권위자다.

의사결정자와 소통하기

의사결정자 파악하기

데이터를 통해 도출한 아이디어를 제안하려면 의사결정에 관여하는 이해관계자를 철저하게 분석해서
맞춤형 접근법으로 설득해야 한다.

정보를 전달받을 청자가 누구인지, 그리고 그들은 어떠한 방식으로 전달받기를 원하는지 반드시 고려해야 한다. 청자가 바뀌면 사용하는 언어도 바뀌어야 한다. 권한이 많은 사람과 소통한다면 더욱 체계적이고 간결한 방식을 선택해야 한다. 프레젠테이션이나 미팅을 통해 소통한다면 예상되는 모든 질문에 대비해야 한다.

여러분은 지금부터 경영자를 포함한 의사결정자와의 소통 방법을 배울 것이다. 이들은 가장 어려운 대상인 동시에, 가장 잘 설득해야 하는 대상이기도 하다. 일단 이들을 설득하는 방법을 알면 그 방법을 응용해 누구든 손쉽게 설득할 수 있다.

의사결정자는 기업의 주주, 소비자 또는 노동조합의 대표일 수 있다. 이 책에서 설명하는 개념은 모든 의사결정자와의 소통에 적용되지만, 기본적으로는 기업 내부의 의사결정자를 기준으로 하고 있음을 밝혀 둔다.

청중에 따른 효과적인 소통 방법

줄임말로 말하기	주장 입증하기	요점만 간결하게 말하기

동료 설득하기

친숙한 표현을 사용하자

팀원이나 함께 일하는 동료들을 설득할 때는 서로 공유하는 표현을 사용해도 좋다. 서로의 목표와 주로 사용하는 표현을 잘 알고 있기 때문에 줄여서 말해도 그들은 제안 의도를 이해할 것이다. 소통에 참여하는 모두가 잘 아는 표현이라면 줄임말뿐만 아니라 팀에서만 공유하는 속어, 복잡한 차트를 얼마든지 써도 좋다.

관리자나 상사 설득하기

충분한 자료를 활용하여 철저하게 준비하자

여러분의 제안이 풍부하고 정확한 정보를 바탕으로 기획되었다는 확신을 관리자나 상사에게 주어야 한다. 어떤 관리자도 실패 가능성을 무릅쓰고 엉성한 아이디어를 채택하지 않는다. 그러므로 여러분이 그 과제를 성실하게 수행했다는 사실을 보여주면서도 제안을 확실하게 표현해야 한다. 제안을 명료하게 제시하고 그에 맞는 조사 자료를 첨부하는 것이 좋다. 이 과정을 통해 여러분이 관리자나 상사의 신뢰를 얻게 되면 여러분의 제안 또한 신뢰받기 쉬우며, 경영진 앞에서 직접 제안을 발표할 수 있는 기회를 얻을 수 있다.

경영자 설득하기

간략하게, 논리적으로, 그리고 철두철미하게 작성하자

일반적으로 경영자의 하루는 상상을 초월할 정도로 바쁘다. 대부분의 경우 분 단위로 시간을 쪼개 쓰고 수많은 사람과 회의를 하고 의견을 듣는다. 그러므로 그들을 위한 발표는 한눈에 간략하게 훑어볼 수 있으면서 체계적이고 치밀하게 구성해야 한다. 만약 발표할 시간이 30분 주어졌다면, 15분은 Q&A 시간으로 남겨둬야 한다. 아주 명료하게 내용을 구성하고 예상되는 날카로운 질문에 대비를 해야 한다. 또한, 경영진마다 선호하는 방식이 다르기 때문에 발표자 본인의 스타일을 고수하기보다 경영자의 스타일에 맞춰 소통하는 것이 좋다.

경영자의 시간을 배려하는 소통하기

누구나 시간은 부족하지만 경영자는 더더욱 시간에 쫓긴다. 그들은 쏟아지는 요청에 부응하며 산다. 수많은 사람이 단 몇 분이라도 그들과 대화하기를 원하며 기회를 기다린다. 경영자가 시간을 어떻게 활용하는가에 따라 많은 결과가 달라진다. 전략 안건을 추진하고, 높은 시장 점유율을 유지하며, 고객, 직원, 주주, 이사회를 만족시키는 일들이 이들의 책임이다.

경영자는 웬만한 사람은 엄두도 못 낼 강도의 정신적, 감정적 부담감을 짊어지고 산다. 그들에게 가장 가치 있는 자원은 시간이다. 그래서 이들은 그 귀중한 시간 동안 같이 대화하는 사람 또한 소중히 여긴다. 옆에서 누군가가 철저한 연구를 바탕으로 훌륭한 제안을 해주면 경영자는 자신의 시간을 아낄 수 있기 때문이다.

저자에게는 상장 기업의 CEO에게 직접 보고를 하는 지인이 있는데, 그녀는 CEO의 두터운 신뢰를 받고 있다. 한번은 그녀가 CEO에게 간결하지만 아주 정리가 잘된 제안을 문자 메시지로 보냈고 CEO는 외부 업무 중에도 너무 잘 정리된 제안이라며 회사 시스템에 접속해 의사결정 내용이 담긴 회신을 바로 했다.

이를 통해 그녀는 더 이상 CEO에게 보충 자료를 제시하지 않아도 되었고 CEO 또한 그녀에게 제안 중간 과정을 묻지 않았다고 한다. 이처럼 설명이 필요 없는 깔끔한 제안을 통해 CEO는 최소한의 시간으로 중요한 의사결정을 내릴 수 있었다.

유명 CEO들의 시간 활용 방법

유명 CEO들이 어떻게 자신의 시간을 효율적으로 관리하는지 알아보자.

팀 쿡

애플Apple CEO인 그는 이메일을 보내거나 답장을 하기 위해 매일 오전 4시 반에 일어난다. [11]

인드라 누이

전 펩시Pepsi CEO인 그녀는 자녀가 방과 후 친구 집에 놀러 가도록 허락해 주는 일 등을 자신의 개인 비서에게 맡겼다. [12]

셀리 아르샹보

버라이즌Verizon**13**과 노드스트롬Nordstrom**14** 임원인 그녀는 머리 손질 시간을 줄이기 위해 머리를 짧게 잘랐고 주당 3시간을 아낄 수 있었다고 한다. [13]

리처드 브랜슨

버진Vergin**15**그룹을 설립한 그는 가족과 보낼 시간도 업무 일정표에 기록하여 관리한다. [14]

이 책 저자의 시간 활용 방법

CEO이면서 작가인 저자는 다른 CEO의 이야기를 들으며 위로를 받는다. 저자도 비슷한 전략으로 시간을 아끼기 때문이다. 예를 들어 책 집필 마감이 다가오면 오전 5시에 일어나서 오전 11시까지는 글쓰기에만 전념한다. 이메일도 확인하지 않는다. 왜냐하면 급한 메시지를 보기라도 하면 온 정신이 거기에 쏠려 그날 아침의 집중력이 무너지기 때문이다.

가족 행사도 비서가 관리한다. 일정표에 이름을 올려도 되는 사람과 올리면 안 되는 사람을 구분하기 위해 비서와 소통하는 암호도 있다.

서명하거나 의견을 남겨야 하는 문서는 출력해 비행기를 탈 때 가지고 탄다. 전자기기를 사용할 수 없는 이착륙 시간에 자료를 검토하고 서명하거나 의견을 남긴 후 비행기가 완전히 착륙하면 여행용 스캐너로 보내면서 시간을 아낀다.

---

13 미국 무선 통신 시장 점유율 1위인 통신 기업이다.
14 미국 시애틀에 본점을 두고 있는 고급 백화점 체인이다.
15 영국 런던에 본사를 두고 있으며 항공, 미디어, 관광, 식품, 무선 통신 등 다양한 사업을 벌이고 있는 기업 집단이다.

경영자가 성과를 평가받는 방법 이해하기

경영자는 성과를 올려야 한다는 엄청난 압박에 시달린다. 다양한 구성원으로 이루어진 정교한 조직 안에서
이질적인 구성 요소들이 톱니바퀴 돌아가듯 원활히 움직이도록 해야 하기 때문이다.

경영자의 업무 범위와 성격은 너무 다양하고 복잡해서 한 장의 업무기술서로 표현하기 어렵다. 하지만 경영자의 성과는 일반적으로 아래와 같은 기준으로 평가받는다고 할 수 있다. 경영자가 기업을 성공적으로 경영하기 위해서는 다음 여섯 가지 요소를 잘 관리해야 한다. 이 여섯 가지 요소가 조직 운영의 핵심이기 때문이다.

경영자의 성과 평가를 위한 6가지 주요 지표

매출과 수익을 높인다
경영자에게 안정적인 재무 관리는 필수다. 매출과 수익을 동시에 올려 자금을 비축해야 거래 대금을 지급하고 직원들에게 보상을 할 수 있으며 성장을 위한 기반을 마련할 수 있다.

점유율을 높인다
시장 점유율을 지속적으로 높여 경쟁자들에 비해 지배적인 위치에 올라야 한다. 이를 위해 시장의 흐름을 파악하고 경쟁자보다 발 빠르게 움직여 경쟁력을 강화할 방안을 모색해야만 한다.

보유율을 높인다
조직 안팎으로 모든 이해관계자(고객, 직원, 협력사 등)의 만족도를 높은 수준으로 유지할 수 있도록 관리해야 한다. 충성 고객, 우수한 인재, 좋은 파트너를 보유하기 위해 지속적으로 노력한다면 전반적인 조직 운영(수익, 비용, 조직 문화 등)을 성공적으로 이끌 수 있다.

성공을 위해 올려야 할 지표 ＞	매출과 수익 ∧	점유율 ∧	보유율 ∧
	돈(자금)	**시장**	**노출**
성공을 위해 줄여야 할 지표 ＞	∨ 비용	∨ 제작 시간	∨ 리스크

비용을 줄인다
비용을 줄이면 조직의 재무건전성을 빠르고 효과적으로 높일 수 있다. 그러므로 불필요하게 지출되는 비용을 최대한 줄여서 수익을 높여야 한다.

제품이나 서비스 제작 시간을 줄인다
출시를 지연시키는 조직 내의 걸림돌과 프로세스를 제거해 고객들이 원하는 최고의 제품과 서비스를 빠르게 출시해야 한다.[16]

리스크를 줄인다
성공적인 비즈니스 운영을 위해서 리스크 관리는 필수다. 운영, 법률, 규정 준수, 재무, 품질 등과 관련한 리스크를 줄여야 조직 운영에 치명적인 상황(생산 중단, 처벌, 브랜드 이미지 실추 등)을 피할 수 있다.

---

16 누군가 말하기를, 제품을 시장에 내놓기 위한 '3최'가 있다고 한다. '최초이거나, 최고이거나, 최애이거나' (저자 주)

경영자의 성과 평가는 핵심성과지표KPI**17**를 통해 측정할 수 있다. 제안서를 경영자의 책상까지 올리고 싶다면 핵심성과지표 중 한 영역을 개선할만한 아이디어를 담아내야 한다. 그러면 경영자는 여러분이 제안한 아이디어의 가치를 알아보고 실제로 추진하기 위해서 노력할 것이다. 경영자에게 제안하고 싶은 아이디어를 이미 생각하고 있다면 제안을 하기 전에 스스로에게 한번 물어보자. 이 아이디어가 경영자의 핵심성과지표 중 하나를 개선할 수 있는가? 혹시나 '개선할 수 있다!'라고 자신 있게 말할 수 없다면 경영자나 조직에 어떤 긍정적인 영향을 줄 수 있을지 그리고 어떻게 그것을 달성할 수 있을지를 고민해보자.

2021년 A 주식회사의 전사적 차원의 전략 엿보기

매출과 수익을 높인다
영업·마케팅 부서에 투자해서 B 사업부의 매출과 수익을 두 배 이상 성장시킨다.

매출과 수익
︿

돈(자금)

﹀
비용

비용을 줄인다
불필요한 프로세스를 제거하고 인력을 재배치하여 C 부서에 지출되는 비용을 줄인다.

시장 점유율을 높인다
신제품을 출시해 국내 시장 점유율을 높이는 동시에 해외 지사를 세워 신규 시장에 진출한다.

점유율
︿

시장

﹀
제작 시간

제품이나 서비스 제작 시간을 줄인다
D 사업부의 상품 출시 기간을 단축해서 빠르게 신규 상품을 개발하고 시장에 출시한다.

많은 고객을 확보한다
다양한 이벤트를 제공해서 충성도가 높은 고객을 많이 확보한다.

보유율
︿

노출

﹀
리스크

리스크를 줄인다
다가올 불황에 대비해 리스크 관리 전략을 수립하고 이를 기반으로 조직을 운영한다.

---

17 목표를 성공적으로 달성하기 위해 핵심적으로 관리해야 하는 요소들에 대한 성과지표를 말한다.

경영자의 정보 습득 방식 이해하기

경영자마다 아이디어나 제안을 받을 때 선호하는 방식이 다르다.
그래서 효과적으로 소통하고 싶다면 경영자가 선호하는 방식을 알아야 한다.
어떤 이는 두꺼운 보고서를 선호하는가 하면 또 다른 이는 중요한 부분들만 표시해둔 요약본을 선호하기도 한다.
이런 성향 차이를 미리 파악하고 준비하자.

제안이 승인되려면 공식적인 절차를 거쳐야 한다. 이때 절차에 관여하는 사람이 누구인지 그리고 그 사람들의 성향이 무엇인지 사전에 파악해서 접근 방식을 달리해야 한다. 경영자 중에서는 이메일을 좋아하거나, 워드 문서를 좋아하거나, 슬라이드 문서를 좋아하거나, 간단한 일대일 대면 보고를 좋아하는 사람도 있다.

해당 경영자와 오랫동안 함께 일하면서 그 사람에 대해 잘 아는 상사를 찾아가서 조언(무엇을 선호하는지? 어떤 성향인지?)을 구하자. 경영자의 취향과 성향을 파악하는 건 여간 번거로운 일이 아닐 수 없지만 이러한 사전 준비는 중요한 순간에 반드시 빛을 발한다.

이 책의 저자는 직원들과 소통할 때 문자보다 이메일을 선호한다. 같이 일하는 직원들도 이 사실을 안다. 저자는 보통 분량이 많은 문서는 회의 전에 미리 읽으며 질문을 준비한다. 직원들은 사안의 긴급성에 따라 비서에게 연락을 해야 할지 저자에게 직접 연락할지를 판단한다. 빠르게 승인을 받아야 할 때 가장 좋은 방법은 일대일 면담이나 전화 통화다.

모든 사람은 각자 자기만의 스타일을 가지고 있다. 어떤 경영자는 스마트폰으로 회사 시스템에 접속하여 중요한 결정을 내린다. 출력 문서를 선호하는 사람이 있는가 하면 반대로 태블릿 PC에 메모를 하는 사람도 있다. 공항 가는 차 안에서 중요한 제안을 검토하는 사람도 있다. 아무튼 경영자의 스타일에 맞는 방식으로 그의 마음에 드는 제안을 했다면 정식으로 그 제안을 발표해달라는 요청을 받을 것이다.

제안할 대상이 누구이며 그들이 선호하는 정보 습득 방식이 무엇인지를 사전에 파악한다면 앞으로의 커리어에 큰 도움이 될 것이다.

TIP ▶ duarte.com/datastory에서 한 장짜리 제안서 서식을 확인할 수 있다.

경영자가 선호하는 소통 방식

경영자마다 선호하는 정보 습득 방식과 소통 방식이 다르다.

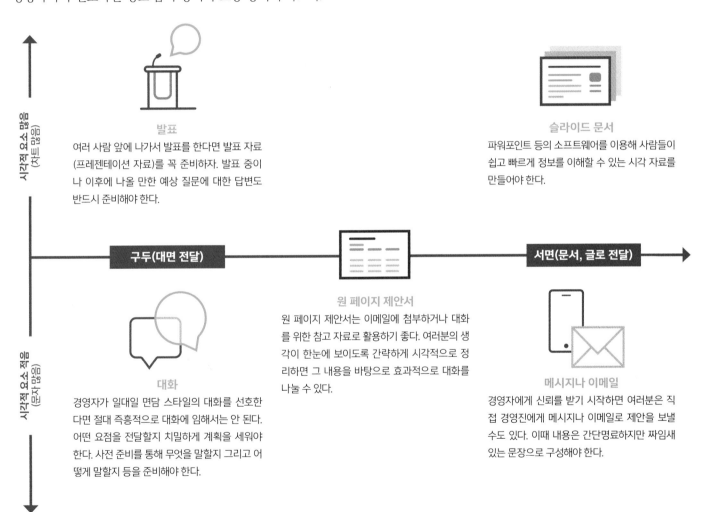

발표

여러 사람 앞에 나가서 발표를 한다면 발표 자료(프레젠테이션 자료)를 꼭 준비하자. 발표 중이나 이후에 나올 만한 예상 질문에 대한 답변도 반드시 준비해야 한다.

슬라이드 문서

파워포인트 등의 소프트웨어를 이용해 사람들이 쉽고 빠르게 정보를 이해할 수 있는 시각 자료를 만들어야 한다.

구두(대면 전달)

서면(문서, 글로 전달)

원 페이지 제안서

원 페이지 제안서는 이메일에 첨부하거나 대화를 위한 참고 자료로 활용하기 좋다. 여러분의 생각이 한눈에 보이도록 간략하게 시각적으로 정리하면 그 내용을 바탕으로 효과적으로 대화를 나눌 수 있다.

대화

경영자가 일대일 면담 스타일의 대화를 선호한다면 절대 즉흥적으로 대화에 임해서는 안 된다. 어떤 요점을 전달할지 치밀하게 계획을 세워야 한다. 사전 준비를 통해 무엇을 말할지 그리고 어떻게 말할지 등을 준비해야 한다.

메시지나 이메일

경영자에게 신뢰를 받기 시작하면 여러분은 직접 경영진에게 메시지나 이메일로 제안을 보낼 수도 있다. 이때 내용은 간단명료하지만 짜임새 있는 문장으로 구성해야 한다.

시각적 요소 많음 (차트 많음)

시각적 요소 적음 (문자 많음)

끼어들기와 질문에 대비하기

경영자는 매일 수많은 결정을 내린다. 거침없이 결정을 내리는 경우도 있지만 깊이 생각해야 할 때도 있다.

저자가 아는 CEO들은 한 달에 한 번 날을 잡아 관리자들을 모아 발표회를 개최한다. 팀별로 30분씩 아이디어를 제안하게 한다음 CEO가 제안의 승인 여부를 그 자리에서 결정하거나 아니면 그 제안에 대해서 더 자세히 물어본다. 이 일은 CEO로서 해야 할 중요한 역할 중 하나다.

경영자가 참석한 회의에서 제안을 발표할 일이 생기면 제안과 관련해서 나올 수 있는 질문의 답변을 반드시 준비해야 한다. 발표 중 누구든지 언제라도 끼어들어 질문을 할 수 있다는 것을 명심하자.

발표 중에 끼어드는 일이 무례하다고 생각할 수 있으나 사실은 전혀 그렇지 않다. 실제로 많은 회의와 발표에서 끼어들어 질문을 하는 경우가 빈번하다. 경영자들은 대부분 정보를 빠르게 판단하고 이의를 제기하는 능력 덕에 그 자리에 올랐다. 그들은 발표 중 제안의 요지를 듣자마자 그것에 대한 장·단점을 파악한다. 이들이 여러분의 말을 자르고 끼어드는 이유는 자신이 가진 경험과 지식을 바탕으로 발표를 들으면서 생긴 의문을 최대한 빨리 해소하고, **여러분이 제시하는 큰 그림을 정확하게 이해하고, 그 제안이 얼마나 깊은 사고 과정을 거쳐 탄생했는지 파악하기 위해서다.**

여러분이 아무리 논리적으로 철저하게 준비한 제안이라도…

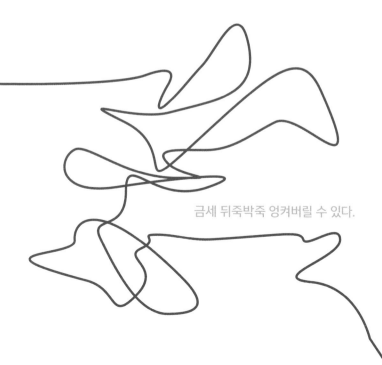

금세 뒤죽박죽 엉켜버릴 수 있다.

경영자는 자신의 경험이나 지식을 바탕으로 여러분의 아이디어를 머릿속에서 바로 시뮬레이션해본다. 그러는 과정에서 여기저기 흐릿하거나 엉성한 부분을 발견하고 시뮬레이션을 완성하기 위해 질문한다. 그러므로 주어진 시간을 모두 발표에 할애하면 안 된다. 대부분의 임원 회의는 30분 단위로 진행되는데, 발표는 15분 정도 준비하고 나머지 15분은 질문을 위한 Q&A 시간으로 남겨두자. 30분이 아닐 수도 있기에 혹시나 주어진 시간을 미리 전달받지 못했다면 반드시 발표 시작 전에 물어보자.

경영자 앞에서 발표할 기회를 얻었다면 그 기회를 준 사람에게 발표 진행 방식과 예상 질문도 함께 물어보자. 사실 경험 많은 상사라도 모든 질문을 예상하기는 힘들다. 하지만 적어도 예상 밖의 질문이 나오리라는 마음의 준비는 하고 있어야 한다.

경험이 많은 상사에게 도움을 받을 수 있는 영역:

- 경영자가 평소에 어떤 생각을 하고 어떤 의견을 가지고 있는지?(여러분의 위치에서 알 수 없는 내용들)
- 경영자가 관심을 가지고 더 알아보고 싶어 할 영역이 무엇이며(그들이 가려워하는 부분), 어떤 정보를 준비해야 하는지?
- 경영자가 제시할 수 있는 반론과 대처 방안이 무엇인지?

제안의 근거를 폭넓게 조사하고 발표와 관련된 자료만 따로 정리해서 사용하고, 긴장되는 와중에도 전달해야 하는 메시지와 근거를 잊지 않도록 마음을 잘 다스려야 한다.

경영자의 결정은 엄청난 영향력을 발휘하기에 단 한 번의 잘못된 선택으로 대내외적으로 수습 불가능한 혼란을 야기할 수도 있으며 본인뿐만 아니라 기업 전체를 회생 불가능한 상황으로 만들 수도 있다.

그러니 경영자가 발표 중에 끼어들어 까다로운 질문을 해도 너그럽게 이해해주자.

"경영자가 실패하는 주된 원인 중 하나는 의사결정 능력의 부족이다."

존 C. 맥스웰[18]

---

18 <뉴욕 타임스> 선정 베스트셀러인 『존 맥스웰 리더십 불변의 법칙』의 저자이자 리더십 전문가다.

PART

잘 짜여진
스토리로 정확하게
의사전달하기

CHAPTER

03

데이터 관점 만들기

04

데이터 스토리 형식으로
요약 보고서 만들기

05

분석을 통해 행동
유도하기

데이터 관점 만들기

자신만의 데이터 관점 만들기

데이터를 살펴봤다면 데이터를 통해 무엇을 말하고 싶은지를 생각해 봐야 한다.
데이터 자체만으로 메시지가 명백할 때도 있고, 반대로 직감을 동원해서 메시지를 추정해야 할 때도 있다.
메시지를 전하는 사람이 확실한 입장을 정해서 데이터에 자기만의 관점을 담으면, 그것은 '데이터 관점'이 된다.

데이터 관점에 반드시 포함해야 할 2가지

저자의 저서 『Resonate 공감으로 소통하라』에서 데이터 관점 Point of View[1]의 개념을 소개했다. 데이터 관점에는 다음 두 가지의 핵심 메시지가 포함되어 있어야 한다.

첫째, 행동을 유도할 수 있는가?

데이터는 우리에게 끊임없이 메시지를 전달하고 있다. 데이터를 깊이 있게 탐구하다 보면 그 데이터에 대한 자기만의 관점이 생긴다. 여러 데이터의 미묘한 차이를 파헤쳐서 청자에게 필요한 게 무엇인지 판단하고, 행동을 유도하는 실행 방안을 알아내야 한다. 이때 고유한 관점은 청자에게 원하는 행동을 유도하기 위해 메시지를 명확하게 표현할 때 필요하다. 메시지를 전달할 때 청자에게 요구하는 행동이 없다면 제안 자체가 필요하지 않을 것이다.

둘째, 무엇을 잃고 얻는가?

메시지나 제안을 청자가 받아들이거나 거절하는 경우 무엇을 얻고 잃는지 제시해야 한다. 이때 긍정적 요소와 부정적 요소를 함께 고려해야 한다. 청자는 제안을 받아들여 실행하는 경우 시간과 비용을 투자해야 한다. 그러므로 여러분의 제안에 담긴 이점과 위험 요인을 분명하게 알려서 청자의 정확한 판단을 돕도록 하자.

데이터 관점을 표현하는 방법

데이터 관점은 제안을 관통하는 핵심이며, 나머지 정보는 핵심을 부연 설명하는 역할을 한다. 그러므로 데이터 관점을 온전하고 짜임새 있는 문장으로 명료하게 표현하는 것이 중요하다. 그러기 위해서는 데이터 관점을 명사와 동사가 하나 이상 포함된 완전한 형태의 문장으로 작성해야 한다.

데이터 관점은 제안서의 첫 페이지에 넣을 수도 있고 프레젠테이션 문서의 제목으로도 사용할 수 있다. 이런 방식으로 제안 내용을 한눈에 알아볼 수 있게 한 뒤 나머지 자료들로 논리를 뒷받침하면 된다.

---

[1] 데이터를 통해 청자로부터 원하는 행동을 이끌어내기 위한 고유의 관점을 말한다.

행동을 유도하는 데이터 관점 만드는 방법

데이터 관점

제안자는 청자의 행동을 유도하기 위해 어떤 관점을 가져야 하는가? 데이터가 말하고 있는 메시지는 무엇이며, 어떤 행동을 실행해야 하는가?

+

얻는 것과 잃는 것

청자는 제안자의 데이터 관점을 선택함으로써 무엇을 얻고 무엇을 잃는가? 제안을 받아들이는 데 그치지 않고 시간과 비용을 투자해서 행동으로 실천하는 것이 중요하다.

데이터 관점은 완전한 문장으로 작성한다

문장의 기본 요소는 '명사'와 '동사'다.
청자의 행동을 유도하기 위해서는 적절하고 정확한 동사를 사용해야 한다.
데이터 관점은 데이터를 통해 파악한 문제와 기회를 간단명료하게 설명하는 것이다.

데이터 관점에는 제안을 실행했을 때 예상되는 변화를 계량화하여 담아야 한다.
그러면 청자는 제안을 실행했을 때 무엇을 얻고 잃는지 명확하게 이해할 수 있다.
데이터 관점은 데이터 스토리의 세 번째 행동(해결)이 될 수 있다. 자세한 내용은 이 책의 84쪽에서 설명하겠다.

데이터 관점의 좋은 예시

사용자 편의성과 배송 정책을 개선하면
매출을 40% 늘릴 수 있다.

데이터 관점의 나쁜 예시

웹사이트의 장바구니 기능을
개선해야 한다.

성공한 제안의 어휘 패턴 이해하기

아무리 좋은 제안도 그 의도를 제대로 담아내지 못하는 어휘를 사용해서 전달하면 거절당할 수 있다.
즉 어휘는 아이디어를 채택으로 이끄는 중요한 수단이며, 상황에 맞게 데이터를 적절하게 전달하고자 한다면
성공한 제안의 어휘 패턴을 이해해야 한다.

데이터 속에서 패턴을 찾는 과정은 굉장히 흥미롭다. 저자는 업무 중 패턴을 많이 찾곤 한다. 『resonate 공감으로 소통하라』을 집필할 때 수많은 연설을 분석하면서 공통적인 패턴을 찾기 위해 노력했다. 웹사이트 diagrammer.com[2]을 제작할 때에도 고객사를 위해 제작했던 다이어그램 수천 개를 분석하면서 패턴을 찾았고, 이 책을 쓰면서도 다양한 자료에서 몇 가지 패턴을 찾을 수 있었다.

성공한 데이터 소통 패턴을 찾기 위해 여러 업계(소비재, 하드웨어, 소프트웨어, 소셜미디어, 검색, 제약, 금융, 컨설팅 등)의 수많은 브랜드 자료를 수집했다. 그리고 유명한 기업의 다양한 자료(영업, 마케팅, 전략, 분석, 재무, 인사, 중역실 등)를 무작위로 선정하여 검토했다.

데이터로 소통할 때 주로 사용되는 어휘

데이터로 소통하기 위한 어휘 사용법

어휘 패턴을 찾는 과정에서 가장 큰 일은 자료에서 추출한 단어를 검토하는 작업이었다. 품사별로(명사, 형용사, 동사, 부사, 접속사, 감탄사, 단, 대명사는 제외했다) 단어를 분류하고 문장 내 역할을 분석했다. 이런 과정을 통해 발견한 어휘 패턴과 효과적인 사용법은 다음 쪽에서 설명하고자 한다.

동사의 중요성

① 데이터를 제시할 때 사용하는 동사와 ② 데이터와 관련 없는 자료를 제시할 때 사용하는 동사에는 큰 차이가 있다. ①은 대부분 "매출 증대를 위한 판매를 촉진하자!"와 같이 성과와 과정을 논리적으로 설명하는 반면, ②는 "우리는 할 수 있습니다!"와 같이 청자의 감성에 호소하는 경우가 많았다.

---

2 저자의 회사에서 운영하고 있으며, 슬라이드 문서에 사용 가능한 다양한 형태의 다이어그램을 제공하는 사이트다.

데이터로 소통하기 위한 어휘 사용법

데이터를 활용한 소통의 구성 요소

데이터로 소통하는 궁극적인 목적은 청자로부터 행동을 유도하기 위함이다. 그러기 위해서는 데이터를 제시할 때 청자의 마음을 움직이고 행동을 유발할 수 있는 어휘를 사용해야 한다. 어떤 어휘를 어떻게 사용해야 할지 다음의 표를 통해 알아보자.

분류	역할	
동사	**행동 제시하기** 데이터의 결론을 듣고 청자가 취해야 할 행동을 제시한다.	청자에게 강렬한 인상을 줄 수 있는 동사를 전략적으로 선택하면 설득력 있는 문장을 작성할 수 있다.
접속사	**아이디어 연결하기** 두 가지 이상의 아이디어를 연결해 효과적으로 전달한다.	'그리고', '하지만', '따라서' 등을 사용해서 요약 보고서[3]를 이야기 형태로 구성한다.
명사	**측정 대상 제시하기** 사람, 장소, 사물, 아이디어 등을 명확히 제시한다.	측정하려는 명사가 무엇이며, 그 대상을 언제 어떻게 측정하는지 확실하게 밝힌다.
형용사	**데이터 설명하기** 데이터의 속성을 객관적으로 설명한다.	형용사를 이용해 데이터 차트와 그 구성 요소 등을 설명한다.
부사	**추세선 설명하기** 시간에 따른 데이터 변화 추이 등을 설명한다.	부사를 이용해 그래프 관찰 결과를 서술한다. 추세선은 시간에 따른 데이터의 변화를 보여주기에 기본적으로 동사를 사용하는데, 이때 부사를 활용하면 추세선을 더욱 효과적으로 설명할 수 있다.
감탄사	**감탄사 넣기** 느낌표 또는 다양한 효과를 사용한다.	사람들 앞에서 발표할 때에는 데이터를 보고 느낀 감정을 말로 표현할 수 있다. (예: 보세요! 이 데이터는 너무나 아름답지 않습니까?)

---

[3] 빠른 의사결정을 위해서 보고서의 핵심 내용을 한 장으로 요약해서 보고서 맨 앞쪽에 배치한 문서를 말한다.

데이터 관점을 전달할 때 가장 효과적인 동사 선택하기

데이터 관점을 전달할 때 메시지를 정확히 표현할 수 있는 어휘를 사용하면 청자에게 강한 인상을 심어
주어 제안이 실행될 가능성이 커진다. 제안이 채택되지 않고 행동으로도 이어지지 않는다면 데이터 관점은
무의미하므로 적절한 어휘를 사용해 데이터 관점을 정확히 표현해야 한다.

20년 전, 저자와 남편은 함께 인생 선언문Life Mission Statement을 만들고자 전문 상담사를 찾아갔다. 그 상담사에 따르면 선언문에서 가장 중요한 요소는 동사이며 이는 우리의 목표를 달성하기 위한 구체적인 행동을 제시하기 때문이라고 한다. 실제로 어떤 동사를 사용하는지에 따라 우리가 시간을 쓰는 방식도 달라졌고, 그 목표를 달성하기 위해 실제로 행동했는지를 확인하기도 쉬웠다. 그 상담 후로 저자는 동사의 쓰임에 대해 유심히 관찰해왔고, 이제부터 데이터를 설명할 때 주로 사용되는 동사들의 패턴을 소개하고자 한다. 데이터 관점을 만들거나 다듬을 때 이 패턴을 참고하자.

데이터와 관련된 동사는 주로 아래의 세 가지 형태로 분류된다.

- **변화**: 지속적인 변화를 제안하는 동사
- **지속**: 현상 유지를 제안하는 동사
- **완료**: 성공 여부를 떠나 종결을 제안하는 동사

데이터 관점에는 문제와 기회를 가장 효과적으로 드러낼 수 있는 동사를 사용해야 한다.

상황에 맞는 행동을 유도하는 적절한 동사

앞서 소개한 세 가지 유형의 동사 중 제안의 유형(변화, 지속, 완료)을 구체적으로 드러낼 수 있는 동사를 선택해서 데이터 관점을 확고하게 만들어야 한다. 이 책 72~73쪽에 정리해둔 세 가지 유형별 동사들을 참고하여 확고한 데이터 관점을 만들어 보자.

동사의 형태		
변화 동사	**지속 동사**	**완료 동사**
∨	∨	∨
지속적인 변화를 제안하는 동사	**현상 유지를 제안하는 동사**	**성공 여부를 떠나 종결을 제안하는 동사**
큰 변화뿐만 아니라 작은 변화를 제안할 때도 '변화' 동사를 선택한다.	어떤 일을 계속해야 한다고 제안할 때는 '지속' 동사를 선택한다.	목표를 달성했거나 일이 좋게 풀리지 않아서 더 이상 어떤 일을 지속할 수 없어 종결을 제안할 때는 '완료' 동사를 선택한다.

성과 동사와 과정 동사 활용하기

팀 단위의 작은 행동을 요구하는 제안이 있는가 하면
회사 단위의 큰 행동을 요구하는 제안도 있다.

제안을 실행하려면 시간과 비용을 투자
해야만 한다는 사실을 꼭 명심하자.

더 효과적인 동사를 선택하는 방법

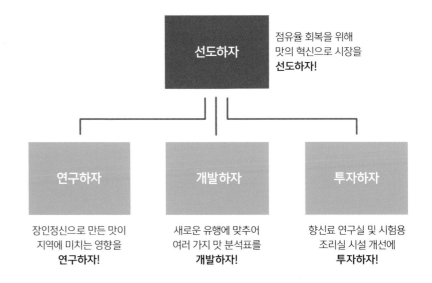

일반적 행동

소비자가 새로 나온 맛의 초콜릿을 선택할 의향이
있음을 보여주는 데이터가 있다면
과정 동사인 '**창조하다**'를 쓸 수 있다.

새 맛을 창조하자!

전략적 행동

하지만 지속적으로
발전하는 느낌을 주는
성과 동사 '**선도하자**'를 쓰면
더 파격적인 느낌이 난다.

맛의 혁신으로 시장을 선도하자!

'선도하자'와 연관 지어 쓸 수 있는 동사는 어떤 것이 있을까?

선도하자

점유율 회복을 위해
맛의 혁신으로 시장을
선도하자!

연구하자

장인정신으로 만든 맛이
지역에 미치는 영향을
연구하자!

개발하자

새로운 유행에 맞추어
여러 가지 맛 분석표를
개발하자!

투자하자

향신료 연구실 및 시험용
조리실 시설 개선에
투자하자!

성과 동사와 과정 동사의 분류 기준은 다음과 같다. 보통 핵심성과지표와 같이 오랜 시간에 걸쳐서 평가되는 행동을 서술하는 경우는 성과 동사로 분류한다. 반면 단순히 완료 여부를 통해 이분법적으로 평가되는 행동을 서술하는 경우는 과정 동사로 분류한다. 성과 동사와 과정 동사 중 일반적으로 전략적인 특성이 더 강한 쪽은 성과 동사이나 제안의 규모에 따라 과정 동사 역시 전략적 행동을 설명할 수 있다. 예를 들어 다음 쪽에서는 '짓다'를 과정 동사로 분류했다. 하지만 "연간 70억 원을 절감하기 위해 창원에 새 공장을 짓자"라고 제시하면 전략적 제안이 된다.

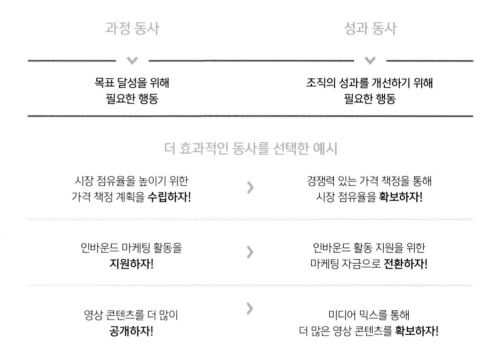

과정 동사	성과 동사
목표 달성을 위해 필요한 행동	조직의 성과를 개선하기 위해 필요한 행동

더 효과적인 동사를 선택한 예시

시장 점유율을 높이기 위한 가격 책정 계획을 **수립하자!**	경쟁력 있는 가격 책정을 통해 시장 점유율을 **확보하자!**
인바운드 마케팅 활동을 **지원하자!**	인바운드 활동 지원을 위한 마케팅 자금으로 **전환하자!**
영상 콘텐츠를 더 많이 **공개하자!**	미디어 믹스를 통해 더 많은 영상 콘텐츠를 **확보하자!**

경영자가 보는 제안서에는 되도록 성과 동사를 사용하자.
경영자는 본인의 관점과 기준에 따라 여러분이 제안한 실행 계획을
객관적, 전략적으로 평가하기 때문이다.

전략적 통찰을 기반으로 행동 구상하기

앞서 소개한 세 가지 유형에 따라 분류한 동사를 다시 성과 동사와 과정 동사로 나눴다. 모든 동사를
총망라하는 대신, 저자가 수집하고 분석한 자료에서 사용 빈도가 높은 동사들을 정리했다.

변화 동사

지속적인 변화를 제안하는 동사

성과 동사			과정 동사		
가속화하다	성장하다	확보하다	가능하게 하다	받다	전략을 짜다
개선하다	소비하다	확장하다	가동하다	받아들이다	정의하다
경쟁하다	안정시키다	회복하다	간소화하다	발견하다	제안하다
균형을 잡다	압축하다	획득하다	감독하다	방향을 돌리다	제조하다
극대화하다	얻다	훈련시키다	개발하다	배급하다	좌절시키다
낮추다	연장하다		고려하다	배우다	준수하다
넘어서다	영향을 주다		고안하다	배정하다	지원하다
늘리다	완화하다		공개하다	배치하다	지체시키다
능가하다	전달하다		관통하다	부정하다	진행하다
더하다	전환하다		광고하다	생산하다	진화하다
들어가다	절약하다		구조화하다	생성하다	집중하다
막다	조정하다		권한을 주다	소통하다	짓다
박탈하다	줄이다		기준점으로 삼다	수렴하다	채택하다
방지하다	지출하다		나누다	시행하다	초점을 맞추다
배분하다	집중시키다		다루다	실시하다	최적화하다
복원하다	최소화하다		도전하다	실행하다	추정하다
부수다	추진하다		돕다	안내하다	측정하다
분산시키다	통제하다		동의하다	연결하다	통보하다
사다	투자하다		드러내다	요구하다	통합하다
설계하다	확대하다		따라가다	우회시키다	평가하다
			만들다	이동하다	혁신하다
			모으다	이용하다	확인하다
			무시하다	재개하다	활용하다
			반복하다	재현하다	
			반응하다	저항하다	

지속 동사

현상 유지를 제안하는 동사

성과 동사

지속하다

과정 동사

견디다
고수하다
계속하다
유지하다
인내하다
보존하다
나아가다
장기화하다
보호하다
남다
보유하다
머무르다
살아남다
지속하다
감내하다
옹호하다
이겨내다

완료 동사

성공 여부를 떠나 종결을 제안하는 동사

성과 동사

감내하다
견디다
계속하다
고수하다
나아가다
남다
머무르다
보유하다
보존하다
보호하다
살아남다
옹호하다
유지하다
이겨내다
인내하다
장기화하다
지속하다

과정 동사

결론짓다
계약하다
그만두다
끝마치다
도달하다
떨어뜨리다
물러나다
물리치다
입수하다
차단하다
철수하다
타결하다
포기하다
합의하다
해결하다
해체하다
획득하다

제안서를 작성하다 보면 동사를 장황하게 늘어놓기 쉽다.
제안하는 행동을 구체적으로 명시하자. 그래야 다른 사람들도
무엇을 해야 할지 분명하게 이해할 수 있다.

" 모든 성공의
열쇠는 행동이다. "

파블로 피카소

데이터 스토리 형식으로
요약 보고서 만들기

이야기 구조 활용하기

우리의 뇌는 일반적으로 단순히 나열된 정보를 들을 때보다 흐름이 있는 이야기를 들을 때 더 활성화된다고 한다. 그러므로 데이터 관점을 설명할 때도 스토리텔링을 활용하면 강력한 효과를 얻을 수 있다.

구조가 탄탄한 이야기에는 강한 힘이 있다. 식사 자리에서 나누는 사적인 대화, 고전 문학이나 영화 줄거리 등 장르를 불문하고 잘 만들어진 이야기는 보통 극적인 이야기 구조로 이뤄져 있다.

극적인 이야기 구조는 갈등이 고조되면서 차차 해소되는 3막 구조를 말하는데, 오른쪽 그래프를 통해 그 구조를 살펴보자(그래프의 y축은 '긴장'의 정도를 나타낸다).

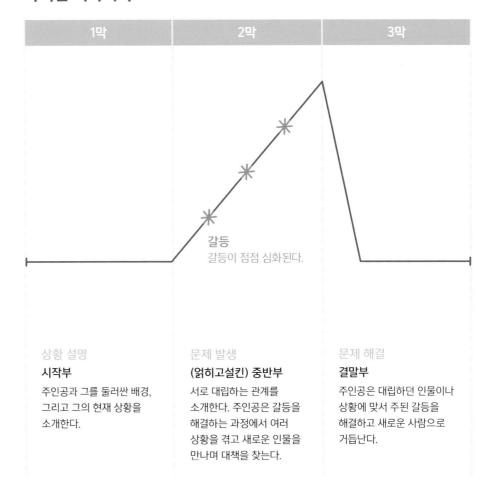

극적인 이야기 구조

1막	2막	3막

갈등
갈등이 점점 심화된다.

상황 설명
시작부
주인공과 그를 둘러싼 배경, 그리고 그의 현재 상황을 소개한다.

문제 발생
(얽히고설킨) 중반부
서로 대립하는 관계를 소개한다. 주인공은 갈등을 해결하는 과정에서 여러 상황을 겪고 새로운 인물을 만나며 대책을 찾는다.

문제 해결
결말부
주인공은 대립하던 인물이나 상황에 맞서 주된 갈등을 해결하고 새로운 사람으로 거듭난다.

오른쪽 표에 나온 애니메이션 <피노키오>의 줄거리를 보면 알 수 있듯이 이야기 구조의 2막은 굉장히 복잡해서 얽히고설킨 중반부라고도 부른다. **2막에서는 등장인물들 사이에 많은 갈등이 생기고, 주인공은 이 갈등을 해결하기 위해 고군분투한다.** 피노키오가 여러 가지 갈등과 방해, 그리고 유혹을 이겨내고 진짜 사람이 되면서 긴장이 해소되고 이야기는 끝을 맺는다.

3막 구조는 아리스토텔레스가 『시학』을 쓰던 시절부터 지금까지 오랜 시간을 거쳐 검증된 효과적인 정보 제공 방식이라 할 수 있다. 지금부터 이렇게 효과적인 3막 구조를 데이터 스토리에 활용하는 방법을 설명한다.

애니메이션 <피노키오>의 이야기 구조

1막	2막	3막
목수 할아버지 제페토는 나무 인형 피노키오를 만들고, 피노키오가 실제 인간이 되도록 별에게 기도한다.	피노키오는 생명을 얻었지만, 인간이 아닌 나무 인형 상태다. 진짜 인간이 되려면 자신의 가치를 증명해야 한다. 남의 말에 쉽게 속는 피노키오는 사기꾼의 유혹에 넘어가 유랑단에 합류한다. 피노키오는 우리에 갇히고, 거짓말을 해서 코가 자란다. 기쁨의 섬에서 말썽을 부려 몸의 일부가 당나귀로 변한다.	피노키오가 결국 집으로 돌아오지만, 그의 아빠인 제페토는 피노키오를 찾아다니다가 고래에게 먹힌다. 피노키오는 고래 배에서 아빠를 구하지만, 그 과정에서 결국 목숨을 잃는다. 피노키오는 이타적으로 자신을 희생한 덕분에 자신의 가치를 인정받고 진짜 인간이 된다.
상황 설명 **시작부**	문제 발생 **(얽히고설킨) 중반부**	문제 해결 **결말부**
	▲ 해피엔딩으로 끝날 때까지 피노키오는 많은 갈등을 겪는다.	

3막 구조로 요약 보고서 작성하기

제안서에서 가장 중요한 부분은 바로 요약 보고서다. 보고서를 읽는 사람이 처음 만나는 부분이기 때문이다.
요약 보고서에서 강력한 인상을 주어야 제안서를 끝까지 읽게 만들 수 있다.

앞에서 소개한 이야기 구조를 요약 보고서에도 적용할 수 있다. 우리는 이 구조를 **데이터 스토리**라고 부른다. 이를 활용해서 요약 보고서를 흥미로운 한 편의 이야기로 만들 수 있다.

3막에는 제안자가 전달하고자 하는 데이터 관점이 포함되어야 하는데, 이것이 데이터 스토리의 결말이 된다.

데이터 스토리 3막 구조

데이터 스토리는 제안을 정리한 개요이며 3막 구조로 이뤄져야 한다. 아래 표는 데이터 스토리를 가진 아주 짧은 요약 보고서의 예다.

1막	2막	3막
시작부 데이터를 통해 현재의 상황을 이해한다.	**중반부** 데이터 분석을 통해 파악된 문제와 기회가 있다.	**결말부** 문제의 근본 원인을 분석하고 그 원인을 제거하기 위한 해결책을 제시한다. (데이터 관점 제시)

오른쪽 표의 데이터 ▶ 스토리 구조는 3막 구조를 따른다.

상황 설명	문제 발생	문제 해결
지역별 평균 구독 갱신율이 62%다.	**그런데** 특정 지역 고객들의 구독 갱신율은 23%에 불과하다.	**그래서** A 지역의 시장 점유율을 올리려면 해당 지역 사람들이 좋아하는 맞춤형 콘텐츠를 제작해야 한다.

1막

데이터 스토리는 정확한 상황 설명으로 시작해야 한다.
상황 파악을 통해 해결해야 하는 문제를 발견하고 기회를 포착할 수 있다.
그렇기 때문에 1막에서는 조직이 처한 현재 상황을 명확히 보여줘야 한다.

데이터 스토리의 예

	1막	2막	3막
데이터에서 포착한 기회	**상황 설명** 우리 회사는 프로그래머 채용을 위해 소수의 대학교에서 캠퍼스 채용 행사를 진행하고 있다.	**그리고**　**문제 발생** 캠퍼스 채용 행사 기간 동안 회사 부스에서 채용 담당자와 면담을 한 지원자들이 실제로 입사할 확률이 28%나 된다는 사실을 확인했다.	**따라서**　**문제 해결** 캠퍼스 채용 행사 대상 대학교를 늘리면 입사율을 더 높일 수 있다.
데이터에서 발견한 문제	**상황 설명** 독일 고객사 계약서에 교통비 부담 주체가 명시되어 있지 않아, 우리 측 컨설턴트의 여행 경비를 청구할 수 없다.	**그리고**　**문제 발생** 지난 분기에 해외 출장 경비가 3% 올랐으나 수익은 오히려 2% 떨어졌다.	**따라서**　**문제 해결** 비용 절감을 위해 교통비와 그 외 이동 경비를 고객사가 부담하도록 계약 내용을 수정한다.

2막에서 얽히고설킨 상황 해결하기

이야기의 중반부는 갈등과 문제로 가득하다.
이로 인한 긴장감이 우리의 뇌를 자극하여 이야기에 흥미를 가지게 하고
문제가 비롯된 시점과 이유에 대해 관심을 가지도록 한다.

영화 <반지의 제왕>에 나오는 프로도를 생각해보자. 그는 오크, 골룸, 독거미, 그리고 혹독한 자연에 시달린다. 물론 사우론도 빼놓을 수는 없다. 프로도는 수많은 갈등과 역경을 거치면서 본인의 임무를 수행한다. 그 과정에서 관객은 프로도를 응원하고, 프로도에게서 배움과 영감을 얻으며, 해피엔딩으로 이야기가 마무리되는 과정에 감정을 이입하며 즐거움을 느낀다.

현실 세계의 비즈니스 환경과 개별 기업의 사정도 영화처럼 복잡하다. 실제 업무 절차는 오류가 많고, 규제는 가혹하고, 주주는 자신의 이익만 생각하고, 소비자는 까다롭고, 시스템은 제대로 돌아가지 않는다. 경쟁사들은 우리 기업이 망하기를 학수고대하며 기회를 노리고 있다. 아무 문제 없이 원활하게 굴러가는 조직은 정말 드물다.

어쨌거나 대부분 이야기의 중반부는 얽히고설킨 상황과 등장인물의 말들과 문제로 가득한데, 데이터는 조직 안에서 엉킨 매듭을 풀어야 하는 부분을 알려주기도 하고, 험난하지만 도전해 볼 만한 기회를 찾아 주기도 한다.

요약 보고서의 2막에서는 변화가 필요한 데이터를 제시한다. 그리고 제안을 실행하면 어떤 데이터가 어떻게 달라질지, 새로운 기회를 통해 우리 조직은 어느 지표를 성장시킬 수 있을지 보여준다.

데이터를 변화시키려면, 누군가는 '얽히고설킴'을 무릅쓰고 움직이며 새로운 시도를 해야 한다. 제안에 따라 적절한 행동을 취하면 데이터 스토리 2막이 제시하는 수치들이 바뀌거나 흐름에 변화가 생길 것이다.

제안에 따른 데이터의 6가지 변화

- 데이터가 방향을 바꾼다.
- 데이터가 방향을 유지한다.
- 데이터의 수치가 기존에 비해 늘어난다.
- 데이터의 수치가 기존에 비해 줄어든다.
- 데이터 증가 또는 감소 속도가 높아진다.
- 데이터 증가 또는 감소 속도가 낮아진다.

조직에서 생성되는 데이터의 흐름은 대부분 인간의 행위에 의해 결정된다. 그러므로 생산량, 광고 효과, 인건비, 고객 만족도, 재고 회전율, 배송 일정, 매출 등의 데이터도 **인간의 행위를 통해 방향이 달라질 수 있다.**

2막

데이터 스토리 중반부는 주된 갈등이 나오는 단계다. 데이터는 측정 가능하기 때문에 어떤 증상이 드러난다면 필요에 따라 의도한 방향으로 데이터의 흐름을 바꿔야 한다. 조직의 구성원이 취한 적절한 행동에 따라 데이터를 의도한 방향으로 변화시킬 수 있다.

데이터 스토리의 예

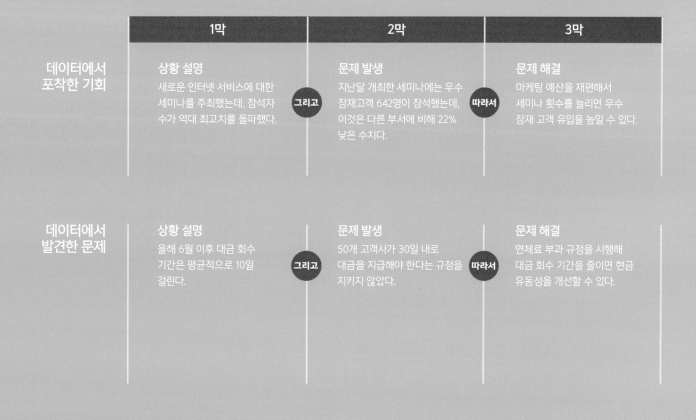

	1막	2막	3막
데이터에서 포착한 기회	**상황 설명** 새로운 인터넷 서비스에 대한 세미나를 주최했는데, 참석자 수가 역대 최고치를 돌파했다. **그리고**	**문제 발생** 지난달 개최한 세미나에는 우수 잠재고객 642명이 참석했는데, 이것은 다른 부서에 비해 22% 낮은 수치다. **따라서**	**문제 해결** 마케팅 예산을 재편해서 세미나 횟수를 늘리면 우수 잠재 고객 유입을 높일 수 있다.
데이터에서 발견한 문제	**상황 설명** 올해 6월 이후 대금 회수 기간은 평균적으로 10일 걸린다. **그리고**	**문제 발생** 50개 고객사가 30일 내로 대금을 지급해야 한다는 규정을 지키지 않았다. **따라서**	**문제 해결** 연체료 부과 규정을 시행해 대금 회수 기간을 줄이면 현금 유동성을 개선할 수 있다.

3막에는 데이터 관점 사용하기

주인공이 적을 무찌르고, 누군가와 사랑에 빠지고, 보물을 찾아내고, 끝내 영웅으로 추대받는 이야기는 누구나 좋아한다. 주인공에게는 힘든 여정이었지만 보는 사람은 만족할만한 결말이다.

2막에서는 문제점으로 인해 변화가 필요한 데이터 수치를 보여줬다면, 3막에서는 발견한 문제점을 해결하고 포착된 기회를 살려야 한다. 그리고 기회를 실행했을 때 기대할 수 있는 결말을 보여줘야 한다.

요약 보고서 3막은 청자가 제안을 받아들이고 그에 따른 행동을 취했을 때 그 이야기가 어떻게 끝날지 보여주는 파트다. 즉 데이터 관점을 보여줘야 한다는 말이다. 여기에서 사용한 표현(특히 동사)들은 조직, 소비자, 직원 등이 더 이로운 결과를 도출하는 데 사용할 수단이다.

데이터 관점의 결말이 늘 해피엔딩은 아니다. 때에 따라 긍정적인 표현보다 무언가를 멈추기 위한 동사를 선택해야 할 때도 있다. '실적이 저조한 제품의 생산을 멈춰야 한다'라는 데이터 관점이 있다고 하자. 조직에게는 긍정적인 결정일지 몰라도 그 제품을 담당하던 직원이나 그 제품을 이용하던 소비자에게는 부정적인 결정이다. 이런 이유로 결정을 내릴 때는 신중하게 논의의 틀을 짜야 한다(자세한 내용은 208~209쪽에서 다시 설명하겠다).

다른 사람의 생각을 바꾸는 것은 쉽지 않다. 게다가 행동까지 유도하기는 더 쉽지 않다. 경영자도 이 점을 잘 안다. **그래서 경영자는 제안을 받아들이기 전에 실패했을 때 잃을 것과 성공했을 때 얻을 이득을 비교해본다.** 그리고 스스로 질문을 할 것이다. 데이터가 보여주고 있는 문제를 해결하고 포착된 기회를 살리기 위해 인력과 자원을 투입한다면 마지막에 얻는 대가는 그만큼 가치가 있을까? 또한 실패했을 때 잃는 것은 무엇일까? 성과가 나오기까지 어느 정도의 시간이 필요할까?

조직이 추구하는 최종 목표는 매출과 이익의 긍정적 변화다. 하지만 긍정적 변화 과정에서 조직 내의 저항과 구성원 간의 갈등이 따를 것이다.

데이터 관점은 경영자의 우선순위에 따라 평가된다. 이 우선순위에 얼마나 부합하느냐에 따라 공들여 준비한 제안이 외면 받거나, 채택되거나, 채택이 되더라도 실행이 지연된다.

3막

데이터 스토리의 결말부에는 복잡한 과정을 해결하고
긍정적인 미래를 만들기 위한 여러분의 관점이 나와야 한다.
여러분이 제안한 행동이 데이터의 미래를 완전히 바꿀 것이다.

데이터 스토리의 예

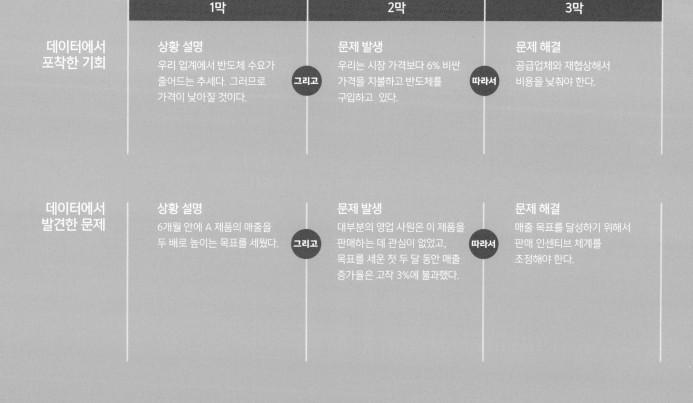

	1막	2막	3막
데이터에서 포착한 기회	**상황 설명** 우리 업계에서 반도체 수요가 줄어드는 추세다. 그러므로 가격이 낮아질 것이다. (그리고)	**문제 발생** 우리는 시장 가격보다 6% 비싼 가격을 지불하고 반도체를 구입하고 있다. (따라서)	**문제 해결** 공급업체와 재협상해서 비용을 낮춰야 한다.
데이터에서 발견한 문제	**상황 설명** 6개월 안에 A 제품의 매출을 두 배로 높이는 목표를 세웠다. (그리고)	**문제 발생** 대부분의 영업 사원은 이 제품을 판매하는 데 관심이 없었고, 목표를 세운 첫 두 달 동안 매출 증가율은 고작 3%에 불과했다. (따라서)	**문제 해결** 매출 목표를 달성하기 위해서 판매 인센티브 체계를 조정해야 한다.

"**사실을 말하라, 내가 배울 것이니.
진실을 말하라, 내가 믿을 것이니.
그리고 이야기를 말하라,
내가 마음속에 영원히
간직할 것이니.**"

미국 인디언 속담

분석을 통해 행동 유도하기

논리적이고 설득력 있는 글쓰기

친숙한 이야기 구조 안에서 탄탄하고 체계적인 논리를 가진 제안서를 작성하다 보면 데이터에서 도출하려는 결론이 명료하게 정리된다.

제안서 작성은 논리적 글쓰기와 설득적 글쓰기의 혼합체다. 왜냐하면 데이터의 정확성을 입증하고(논리), 동시에 청자의 마음을 움직여 행동으로 이어지게 해야 하기 때문이다(설득).

데이터에 기반을 둔 제안서는 두 종류의 호소력을 요한다. 아래 표에서 논리와 설득의 차이를 알아보자. 논리학자들이 보면 너무 단순해 보일지 몰라도 실무에서는 이 정도로 충분하다.

2가지 호소력을 조합한 제안

	논리적 글쓰기(심리적 호소)	설득적 글쓰기(정서적 호소)	제안서 작성(혼합 방식)
목적	사실을 바탕으로 관점을 제시한다.	청중이 여러분의 관점에 동의하고 그에 따른 행동을 취하도록 설득한다.	가용 데이터에 직관을 더해 조직의 행동을 촉구하는 제안을 구성한다.
접근법	정보를 전달하면서 사안의 양 측면을 함께 다룬다. 한쪽 측면의 타당성을 제시해서 반대 측면에 이의를 제기한다.	사안의 한쪽 측면에 대한 정보와 의견만 전달해서 공략하고자 하는 청중과 강한 유대감을 형성한다.	근거가 탄탄한 데이터 스토리를 전개한다. 청중이 떠올릴 만한 반론도 함께 소개해서 반대 입장도 고려했음을 보여준다.
호소력	견고한 예시, 전문가의 의견, 데이터, 사실 정보를 바탕으로 한 논리적 근거를 제시한다.	다른 사람이 여러분의 의견을 공감하며 따르도록 설득하기 위해 감정에 호소한다.	호소할 내용을 이야기로 풀어낸다. 설득력 있는 데이터와 탄탄한 증거로 의미를 부여해서 제안의 근거로 활용한다.
어조	전문적, 능숙한, 논리적 어조	개인적, 열정적, 감정적 어조	청중에 맞춘 어조

경영자에게(그리고 누구에게나) 논리 구조가 없는 제안을 하면 안 된다. 명확한 논리가 없으면 다른 사람이 제안 내용을 쉽게 이해할 수 없다. 그러면 주장 자체가 힘을 잃고 만다. 다른 사람이 여러분의 제안이나 논거를 확실하게 이해하지 못한다면 그 이유는 정보 구성이 빈약하기 때문이다.

학교에서 글쓰기나 토론을 잘하는 방법을 배운 적이 있을 것이다. 이 책에서 다루는 내용도 그와 비슷하다. 제안서의 개요만 봐도 주장의 핵심이 무엇인지, 어느 항목을 먼저 봐야 하는지 알 수 있어야 한다. 개요를 잘 구성하면 누구나 제안자의 논리를 확실하게 이해할 수 있다. 이 과정에서 제안자의 사고 또한 탄탄해진다. 정보를 구성할 때 가장 많이 사용하는 도구는 개요와 나무 구조다.

오른쪽 나무 구조를 보면 맨 위에 주제가 하나 있고 그 아래로 뒷받침하는 근거들이 가지처럼 연결되어 있다. **제안 나무 구조에서 전체를 통합해 아우르는 상위의 핵심이 데이터 관점이다. 상위 핵심에서 나머지 하위 단계로 내려간다. 나무 구조를 사용하면 가지들 사이에서 길을 잃지 않고 전체를 볼 수 있다.** 이 형식은 데이터 관점을 직접 뒷받침하지 않는 부차적 하위 주제들을 거르기에도 좋다.

계층형 조직 구조

제안 개요 구조

I. _____

   A. - - - - - - -

   B. - - - - - - -

   C. - - - - - - -

      1. . . . .

      2. . . . .

II. _____

   A. - - - - - - -

      1. . . . .

      2. . . . .

      3. . . . .

   B. - - - - - - -

제안 나무 구조

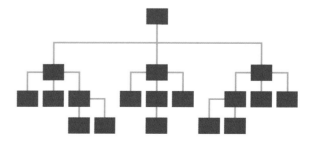

제안 나무 구조 활용하기

파워포인트와 같은 프레젠테이션 소프트웨어는 효과적인 시각적 의사소통 도구다.
제안서를 슬라이드 문서로 작성할 때는 각 슬라이드가 나무 구조를 이루는 연결점이라고 생각하자.

슬라이드가 좋은 점은 작성 공간이 제한되어 있어서 엄격한 규칙에 따라 내용을 간소화할 수밖에 없다는 데 있다. 슬라이드 한 장에 하나의 개념만 담으면 각 장마다 요점을 부여하는 동시에 논리적이고 간결하게 만들 수 있다. 각 슬라이드는 데이터 스토리를 뒷받침하며, 슬라이드 수는 필요하면 얼마든지 늘릴 수 있다. 융통성을 발휘할 여지가 많은 구조이기 때문이다.

융통성이 뛰어난 슬라이드 제안 나무 구조

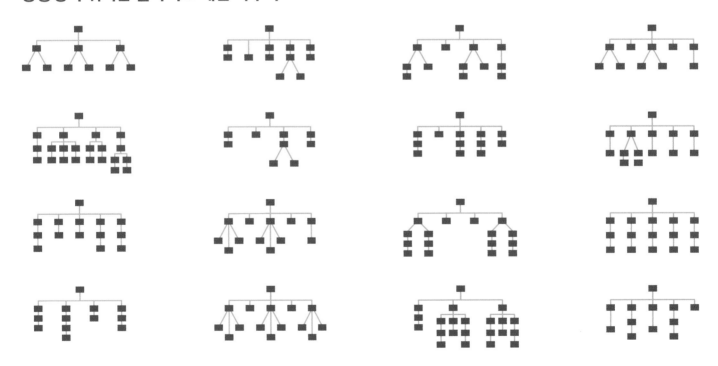

오른쪽의 제안 나무 구조에는 데이터 스토리를 뒷받침하는 세 개의 요지가 있다. 필요하면 얼마든지 추가해도 된다. **이 책에서는 간결성을 유지하기 위해 세 갈래 나무 구조를 사용했다. 이와 같이 내용을 한꺼번에 묶어서 활용하면 기억에 오래 남는다.**[15]

우리는 어린 시절부터 논거를 세 개씩 제시하는 방식이 효과적이라고 배웠다. 이 구조는 일반적인 논리적 논증뿐 아니라 간단한 에세이 작성에도 적용할 수 있다.

옆에 보이는 네모 하나가 슬라이드 한 장이라고 생각하자. 슬라이드 수는 정해져 있지 않으므로 주장을 관철시키기 위해 필요한 만큼 융통성 있게 추가하면 된다. 그러니 주장에 힘을 싣고 싶다면 근거 자료도 최대한 많이 준비하자.

3갈래 제안 나무 구조

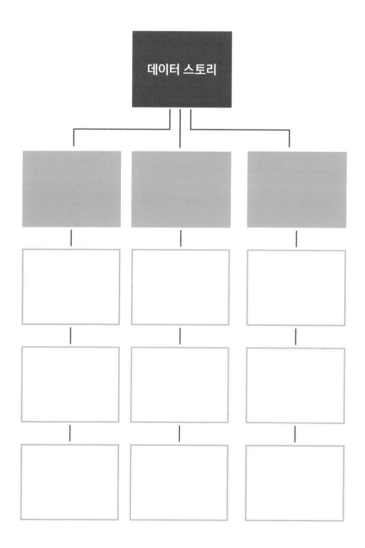

TIP ▶ '여러 슬라이드 보기' 기능을 이용하면, 슬라이드 문서의 실제 구조와 흐름이 데이터 스토리를 탄탄하게 뒷받침하는지 확인할 수 있다.

데이터 스토리를 뒷받침할 행동 정의하기

제안 목표 달성을 위한 행동을 잘 전달하는 방법은 큰 행동을 작은 행동 여러 개로 나눠 설명하는 것이다. 우리는 '달리다'(동사)라는 행동을 할 때 여러 하위 동작을 통해 그 행동을 취한다. 예를 들어 팔을 흔들고, 다리를 뻗고, 폐를 통해 숨을 쉬는 행동들이 하위 행동이다. 그래서 데이터 스토리를 전하는 문장에는 목표 달성에 수반되는 행동을 일컫는 동사를 넣어야 한다.

오른쪽 나무 구조에 '그러므로 우리가 해야 할 일은…'이라고 쓰인 칸이 있다. 이 문장은 실제로 슬라이드에 넣는 것이 아니라 행동문을 작성할 때 보조 도구로 활용한다. 이 문장을 무슨 말로 완성할지 생각하면 뒷받침할 행동들을 도출할 수 있다. 이를 바탕으로 전개하고자 하는 이야기를 만들어 보자.

'그러므로 우리가 해야 할 일은…'이라는 문장은 '우리가 무엇을 해야 하나?'라는 질문을 던지고 세 개의 하위 행동들에 대한 질문을 생각하게 한다. 즉 '우리가 해야 할 일'을 달성하기 위한 하위 행동에 대한 질문이다.

저자는 업무 관련 회의나 대화에서 늘 이 문장을 생각한다. 그러다 누군가 어떤 문제나 상황에 대해 주절주절 이야기를 늘어놓으면 "그러니까 우리가 할 일은 무엇이죠?"라고 말하고 잠시 시간을 주는 식이다. 그리고 그에 따르는 하위 행동에 대해 스스로 질문한다.

이런 방식으로 질문을 던지면 직원 모두가 문제를 파악하는 단계에서 해결책을 모색하는 단계로 방향을 전환할 수 있다.

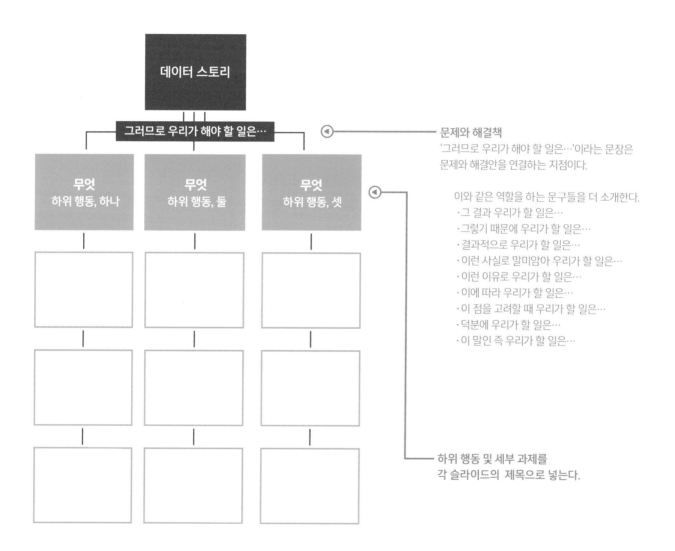

데이터 스토리

그러므로 우리가 해야 할 일은…

무엇
하위 행동, 하나

무엇
하위 행동, 둘

무엇
하위 행동, 셋

문제와 해결책
'그러므로 우리가 해야 할 일은…'이라는 문장은
문제와 해결안을 연결하는 지점이다.

이와 같은 역할을 하는 문구들을 더 소개한다.
·그 결과 우리가 할 일은…
·그렇기 때문에 우리가 할 일은…
·결과적으로 우리가 할 일은…
·이런 사실로 말미암아 우리가 할 일은…
·이런 이유로 우리가 할 일은…
·이에 따라 우리가 할 일은…
·이 점을 고려할 때 우리가 할 일은…
·덕분에 우리가 할 일은…
·이 말인 즉 우리가 할 일은…

하위 행동 및 세부 과제를
각 슬라이드의 제목으로 넣는다.

이유를 제시해서 동기 부여하기

제안할 때 이유를 언급하지도 않고 곧바로 해결안만 설명하는 실수를 흔히 한다.

제안을 받는 사람은 보통 그 제안을 실행할 당사자다. 그렇기에 그 제안이 '왜' 필요한지 설득력 있는 이유를 듣고 싶어 한다. 어떤 제안이 '왜' 중요한지 명확하다면 그 제안이 선택될 가능성은 커진다. 여러분의 제안으로 인해 실제 행동을 취할 당사자가 누구인지 생각하면 적절한 논거를 제시하는 것이 쉬워진다. 뒷받침 논거가 탄탄하면 책임자는 그 제안을 거부할 저항력이 약해진다.

단, '왜'라는 질문에 뒷받침할 논거를 너무 많이 제시하지는 말자. 모든 자료와 근거를 빠짐없이 담고 싶은 욕심이 들겠지만, 정보가 너무 많으면 오히려 핵심 메시지가 약해지는 부작용이 생기기 때문이다.

'왜'에 답하면 설득력이 강화된다

이걸 '왜' 해야 하는지 스스로에게 질문하자

"왜, 왜, 왜, 왜, 왜?" 스스로 계속 물어보자. 문제나 기회의 근원을 찾기 위한 근본-원인 분석Root-Cause Analysis을 할 때도 이 과정을 거쳐야 한다. 특히 직관적으로 나온 아이디어를 제안할 경우 '왜'에 대한 답은 우리의 잠재의식 안에 숨어있다. 그렇기 때문에 '왜'라는 질문을 잘 생각해서 답할 수 있어야 한다.

> 때로는 '무엇'에 관한 질문을 함으로써 '왜'에 관한 질문의 답을 찾을 수도 있다. 무슨 이해관계가 있는가? 불안정한 상태에 대응하려면 어떤 데이터를 변화시켜야 하는가? 행동을 하거나, 하지 않을 때 우리는 어떤 상황에 놓이는가?

선택하지 않은 아이디어에 대한 이유를 설명하자

전개될 수 있는 여러 방향을 예상하고 설명한다

경영자가 결정을 망설이는 이유 중 하나는 다른 방안이 있을지도 모르기 때문이다. 예를 들어 밀린 주문의 해결책으로 생산 시설 확충과 인력 채용 방안을 생각했는데 조금 더 생각해보니 부품의 제조사를 인수하여 직접 운영하는 방안이 더 효과적일 것 같아서 제안을 바꾸면서 이유는 설명하지 않았다고 하자.

이럴 때 경영자가 이미 생산 시설 확충과 인력 채용 방안을 염두에 둔 상태라면 생각을 바꾸기도 쉽지 않을 것이다.

각 슬라이드의 요점을 만드는 질문: '무엇을-왜-어떻게'

'무엇을-왜-어떻게' 모델을 사용하면 각 슬라이드를 짜임새 있게 구성할
수 있다. 방법은 간단하다. 슬라이드 내용을 '무엇을-왜-어떻게'에 대한 질
문과 답변으로 구성하면 된다.

무엇을
왜
어떻게

◀ '무엇을?'에 답하면 명확한 동사가 나온다.
"무엇을 해야 하는가?"라는 질문에 대한 답이기 때문이다.

'왜?'에 답하면 "이걸 왜 해야 하는 건가?"라는 질문의 답이 나온다.
각 슬라이드의 내용을 더욱 깊이 있게 만들 수 있다.

'어떻게?'에 답하면 행동 절차와
"이것을 어떻게 해낼 수 있는가?"라는 질문의 답이 나온다.

회의적으로 생각하기

다른 사람들이 여러분의 제안에서 결점을 찾아내려 하는 것은 자연스러운 일이다.
정말로 결함이 있다고 생각할 수도 있고, 단지 제안을 실행하기 싫어서 시비를 걸 수도 있다.

지금 작성하는 제안서를 검토할 상대방이 누구인지 생각해보자. 관리자, 동료, 직속상관, 고객, 주주들이 그 대상일 것이다. 여러분의 제안에 그들이 어떤 식으로 반응할지 예상해보자. 잠재적 반론을 예측하고 이를 대비하면 여러분의 제안은 더욱 강력한 설득력을 가지게 된다. 우리의 주장과 대립되는 관점을 사전에 고려하여 반영하면 제안이 명확해지고 방어 논리가 강해진다.

의심의 눈으로 보자

데이터를 통해 제안이 적절하다고 입증했더라도 자신에게 유리한 정보만을 가지고 근거를 내세운 것은 아닌지 다시 한번 점검하자.

회의적이고 객관적인 시각으로 자신의 아이디어를 바라보면서 이를 반박할만한 데이터 시나리오를 검토해야 한다. 눈에 띄는 반론이 떠오른다면 반드시 제안서에 넣자. 다양한 시각과 반대 주장을 고려한 제안을 제시해야 그런 관점까지 고려했음을 청중에게 보여줄 수 있다.

스스로에게 "반대 주장이 옳다면?"이라는 질문을 해보자. 반대 주장이 옳을 수도 있다는 질문을 통해 보이지 않았던 제안의 약점을 찾을 수 있고 더불어 이를 보완함으로써 제안을 더욱 강화할 수 있다.

반론을 반박하기

제기될 수 있는 모든 반론을 검토했다면 다시 한번 데이터와 대조해가며 사실 여부를 확인해야 한다. 그런 다음에 반론을 반박해야 한다. 여러분의 제안과 대립되는 관점을 서술하고, 그 관점을 뒷받침하는 증거가 없음을 확실하게 증명해야 한다. 그러기 위해서는 제안과 상반되는 관점을 모두 검토해야 한다.

전환 문구

반론을 서술한 다음, 아래의 전환 문구를 사용해 반박한다.

저는 …에 동의하지 않습니다.

저는 …에 전적으로 반대입니다.

저는 …를 찬성할 수 없습니다.

저는 …에 반대합니다.

저는 …라는 것에 동의하지 않습니다.

저는 …라고 생각하지 않습니다.

저는 …한 점에서 확신이 서지 않습니다.

…한 이유로 받아들이기 힘듭니다.

저는 …를 받아들일 수 없습니다.

이것은 …하므로 사실이 아닙니다.

미래 상황 가정하기

데이터를 설명할 때 우리는 미래의 방향을 예측한다. 이러한 예측에는 판단이 개입한다.
다시 말해 우리는, 가정에 근거해 제안을 한다는 말이다.

가정은 통계적 가정과 비즈니스 가정으로 나뉜다. 무작위 표본, 독립성, 정규성, 등분산, 안정성 같이 흔하게 쓰이는 통계적 가정[16]을 활용해 측정 체계가 정확하고 정밀하다는 사실을 확인할 수 있다.[4] 이 책에서는 통계적 가정은 다루지 않고 제안서를 쓸 때 필요한 비즈니스 가정에 한정해서 살펴본다.

미래 예측을 위한 비즈니스 가정

미래에 무슨 일이 생길지 정확하게 아는 사람은 아무도 없다. 아무리 훌륭한 데이터가 있어도 과학적 기법을 활용한 추정S.W.A.G.: scientific, wild-ass guess을 할 뿐이다. 데이터를 바탕으로 미래의 결과를 예측할 때 우리는 주장의 정당성을 확보하기 위해 추측, 추론, 추정, 짐작을 활용한다.

비즈니스 가정에는 제안자의 주관이 반영될 수밖에 없으므로 제안을 도출한 전 과정을 투명하게 공개해야 한다. 여기서 문제는, 기업의 데이터는 하루만 지나도 과거의 데이터가 되어 의미를 잃기 십상인데, 이를 보완하기 위해 매번 데이터를 업데이트하면 제안의 결론이 크게 달라질 수 있다는 것이다.

예를 들어 어떤 조직의 향후 5년 수익을 예측하려면 재정 상태에 영향을 미치는 많은 변수를 가정해서 사용해야 한다. 금리가 일정하게 유지되고, 기부자들의 기부율이 바뀌지 않거나, 해당 임대 공실률이 높은 상태를 유지하리라는 등의 가정이 있어야 그 가정을 바탕으로 예측을 할 수 있는 것이다.

경영자도 데이터를 통한 미래 예측에 여러 가정이 필요하다는 것을 잘 알고 있다. 이 점을 솔직하게 인정하고 제안서 도입부에 무엇을 어떻게 가정했는지 설명한다면 이러한 가정까지 미리 고려했다는 점에서 좋은 인상을 줄 수 있다. 물론, 합리적이고 타당한 가정을 사용해야 제안에 문제가 생기지 않을 것이다.

---

4 제안서에 통계적 가정을 전부 넣어야 하는 업계도 있으므로 자신이 속한 분야의 관례 또는 표준을 확인해보자. 통계적 가정을 모두 넣어야 한다면 가정이 수정된 경우, 누락된 시기가 있는 경우, 데이터가 추정치이거나 변수가 누락된 경우, 표본을 무작위로 추출하지 않은 경우, 축을 균등하게 나누지 않은 경우 등의 사실을 전부 명시해야 한다. (저자 주)

제안의 바탕을 이루는 비즈니스 가정 예시

가정에 근거한 제안을 추진할 때는 **'이렇게 되려면 … 해야 합니다.'** 라고 말하자.

이렇게 되려면 …

…수익률이 2.5% 증가해야 합니다.

…중대한 경제 변동이 없어야 합니다.

…대대적인 기술적 변이가 없어야 합니다.

…현재 속도로 고용이 지속되어야 합니다.

…부품과 부자재를 안정적으로 공급받아야 합니다.

…구독률 증가 추세가 유지되어야 합니다.

…시급이 그대로 유지되어야 합니다.

…시장 상황이 그대로 유지되어야 합니다.

…임금 인하가 계속되어야 합니다.

…기술 업계에서 새로운 것이 개발되지 않아야 합니다.

…설문 참가자가 모두 저소득층이어야 합니다.

…자사 IT 시스템에 계속 투자해야 합니다.

…현재의 실행 속도를 기준으로 계산해야 합니다.

미래를 예측할 때는 확실한 근거가 없더라도 반드시 자신의 가정이 사실이라고 전제해야 한다. 사업은 시시각각 변하는 유동적인 활동이다. 동일한 데이터를 사용할 수 있을 때까지 기다린다면 영원히 결정을 내리지 못한다. 기업은 불확실성이 큰 상황에도 결정을 내려야 한다.

제안 나무 구조의 구성 요소 검토하기

지금까지 다양한 기본기를 다졌으니 이제 제안 나무 구조를 활용해서
의사결정에 유용하게 쓰이는 슬라이드 문서를 만들어보자.

오른쪽 그림이 제안 나무 구조다. 네모 한 칸이 슬라이드 한 장
이라고 보면 된다. 제안에 따라 구성하는 방법도 달라지지만, 여
기에서는 단순한 구조를 소개한다(연두색 설명 참조).

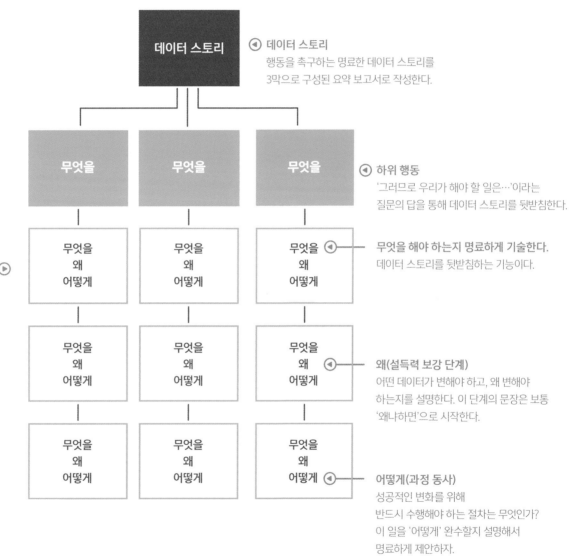

데이터 스토리

◉ 데이터 스토리
행동을 촉구하는 명료한 데이터 스토리를
3막으로 구성된 요약 보고서로 작성한다.

무엇을   무엇을   무엇을

◉ 하위 행동
'그러므로 우리가 해야 할 일은…'이라는
질문의 답을 통해 데이터 스토리를 뒷받침한다.

'무엇을-왜-어떻게' 모델 ▶
각 슬라이드는 여러
자료들을 바탕으로
'무엇을, 왜, 어떻게'에
대해서 설명한다.
이 자료들은 증거, 상세 자료,
데이터, 가정, 반론
등이 포함될 수 있다.

무엇을
왜
어떻게

무엇을 ◀ 무엇을 해야 하는지 명료하게 기술한다.
왜   데이터 스토리를 뒷받침하는 기능이다.
어떻게

무엇을
왜
어떻게

무엇을
왜
어떻게

무엇을 ◀ 왜(설득력 보강 단계)
왜
어떻게   어떤 데이터가 변해야 하고, 왜 변해야
              하는지를 설명한다. 이 단계의 문장은 보통
              '왜냐하면'으로 시작한다.

무엇을
왜
어떻게

무엇을
왜
어떻게

무엇을 ◀ 어떻게(과정 동사)
왜
어떻게   성공적인 변화를 위해
              반드시 수행해야 하는 절차는 무엇인가?
              이 일을 '어떻게' 완수할지 설명해서
              명료하게 제안하자.

"**우리에겐 데이터를 활용해서
경영하는 차세대 리더가 필요하다.
또한 데이터를 중심으로 사고하는
차세대 직원들도 필요하다.**"

마크 베니오프[5]

---

5 고객 서비스 매니지먼트 서비스를 제공하는 세일즈포스(Salesforce)의 창립자이자 CEO다.

명료한 차트와
한눈에 들어오는
슬라이드 만들기

06

상황에 맞는 차트 선택과
설명글 작성하기

이해가 잘되는 차트 사용하기

정확한 의사전달을 위해서는 데이터를 잘 보여주는 차트를 사용해야 한다.
과거에 비해 지금은 편리하게 차트를 만들 수 있는 방법[1]이 많아졌다. 방대한 데이터를 하나의 차트에 담아
보여줄 수 있고, 한 번의 클릭으로 상세 정보를 확인할 수 있게 구성할 수도 있다.
사용 가능한 데이터가 많을수록 복잡하고 화려한 차트를 만들 수 있다.

복잡한 형식도 좋지만 핵심을 제대로 전달하고 싶다면 간결한 형식을 사용하자.

청중은 쉽고 빠르게 이해하기를 원하므로 의견을 전달할 때 가장 보편적으로 사용되는 차트를 선택하고 대체로 간결한 형식을 사용하되 설명이 필요한 부분에는 설명글을 달아야 한다.

막대, 파이, 선 그래프처럼 누구에게나 익숙한 차트를 사용하자. 요즘 출시된 시각화 소프트웨어들은 정말 근사하고 화려한 기능을 제공한다. 하지만 이 책에서는 그 사용법을 설명하지 않을 것이다. 왜냐하면 멋지고 화려한 차트보다 간결한 차트가 오히려 전달력이 높기 때문이다. 시각화 소프트웨어는 데이터를 종합적으로 분석할 때 사용하고 제안할 때는 막대, 파이, 선 그래프처럼 간결한 차트로 핵심만 전달하자.

복잡한 차트를 사용하면 차트를 해석하는 데 더 많은 에너지를 소모해야 하므로 정작 중요한 정보에 집중할 수 없다. 또한 너무 잘 만들어진 차트처럼 보여 무조건 정확할 것이라는 믿음을 가지게 되어 차트의 편향성을 체크하지 않을 수도 있다. 물론 복잡한 차트도 설득을 위해서 어느 정도 유리할 수도 있다. 하지만 데이터를 확인하고 제안과 비슷한 결론에 이르도록 설득하는 방식이 훨씬 좋은 접근법이다. 자신의 결론을 과장해서 더 확실한 것처럼 보이게 해서는 안 된다. 그리고 차트가 복잡할수록 핵심이 묻혀버릴 수 있다.

조직의 미래가 달린 중요한 제안은 간결하게 표현할 때 가장 효과적이다. 다만, 복잡한 차트를 많이 사용하는 조직문화 속에 있거나 청중도 그런 차트에 익숙하다면 복잡한 차트를 사용해도 좋다.

---

1 아래아 한글이나 마이크로소프트 워드(Word) 등과 같은 워드프로세서부터 마이크로소프트 엑셀(Excel), 구글 스프레드시트(Google Sheets) 등의 스프레드시트 소프트웨어와
   태블로(Tableau)와 파워 BI(Power BI) 등과 같은 대표적인 데이터 시각화 소프트웨어를 통해 다양한 차트를 손쉽게 만들 수 있다.

탐색을 위한 차트

복잡한 차트는 핵심을 흐리게 한다.

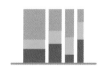

설명을 위한 차트

막대 차트(수량 측정), 파이 차트(백분율 측정), 선 차트(시간의 흐름에 따른 변화 측정)는 누구나 쉽게 읽고 이해한다.

⊙ 이처럼 누구나 이해할 수 있는 차트를 사용하자!

깔끔한 차트 제목 작성하기

차트 제목은 사실적이고 중립적이어야 한다.
데이터 측정 대상과 시기, 방식을 제목에 명시해야 한다.
일반적으로 조직은 물질 명사[2](사람, 장소, 사물)와 추상 명사[3](아이디어)를 추적해서
성과와 나아갈 방향을 점검한다.

명사를 통해 측정되는 조직의 성과와 나아갈 방향

명사

물질 명사	추상 명사
사람, 장소, 사물 볼 수 있다	**아이디어, 기분, 품질, 상태** 볼 수 없다
물질 명사와 관련된 데이터는 수치를 셀 수 있고, 측정이 되고, 추적이 가능하다.	추상 명사와 관련된 데이터는 관찰하거나, 설문하거나, 조사해서 확인할 수 있다.

- **사람**: 병가 횟수, 이용객 수, 해약자 수
- **장소**: 관련한 지역이나 지리적 위치 등을 추적할 수 있다.
- **사물**: 순서, 재고, 품목 등을 측정할 수 있다.

- **직원**: 업무 참여도를 관찰할 수 있다.
- **고객**: 만족도를 설문할 수 있다.
- **시장**: 반응을 조사할 수 있다.

◀ **측정하기 까다로운 추상 명사**
아이디어, 기분, 품질, 상태는 눈에 보이지 않고 주관적이라서 항상 정확하게 측정할 수 없고, 아예 정량화할 수 없는 경우도 있다.
하지만 정말 중요한 것은 종종 눈에 보이지 않는 경우가 많다는 사실을 명심하자.

---

2 오감으로 느낄 수 있는 구체적인 대상을 지칭하는 명사다.
3 오감으로 느낄 수 없는 추상적인 대상을 지칭하는 명사다.

자신이 측정하는 대상이 무엇인지 정확하게 이해해야 한다. 5년간 오프라인 매장 방문 고객 수의 변화를 측정하는가?
온라인 고객이 오프라인 매장에서 구매하는 비율을 측정하는가? 등의 내용이 차트 제목에 명확하게 들어가야 한다.

◉ **차트 제목**
차트 제목은 군더더기 없이 직관적이어야 한다.
불필요하고 설명적인 단어는 넣지 않는다.
자신이 측정한 대상(명사)과 측정 시기(구체적인
날짜 또는 범위)만으로 제목을 구성하면 된다.
측정 방식(단위)은 보통 y축에 온다.

차트 제목 예시
직관적인 제목:
2021년 월별 수익률(%)

부적절한 제목:
금년 부서 목표 수익 달성!

'설명하듯' 설명글 작성하기

차트 제목으로 사실적이고 직관적인 문구를 사용했다면
설명글에는 차트를 통해 제시하고자 하는 핵심이 담긴 문구를 사용해서
여러분이 데이터에서 어떤 문제와 기회를 포착했는지 보여줘야 한다.

설명글은 차트에 달리는 짧은 길이의 부가적인 문장이다. 설명
글은 아래의 예시처럼 차트 제목 위에 두어 슬라이드 제목처럼
사용하거나, 슬라이드 문서의 소제목으로 사용할 수 있다.

차트에 들어가는 설명글 [17]

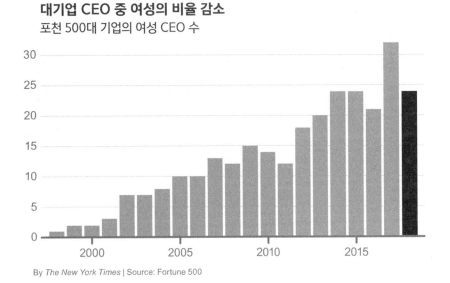

차트 제목 ▶

대기업 CEO 중 여성의 비율 감소
포천 500대 기업의 여성 CEO 수

By *The New York Times* | Source: Fortune 500

◀ 설명글
　차트에서 도출한 통찰 – 차트의
　데이터에서 찾아낸 핵심을
　포착한 문장이다.

설명글은 맥락을 뒷받침한다

왼쪽 차트는 <뉴욕 타임스>에서 발췌했다. 차트 관찰 결과 중 강조하고 싶은 요소를 뽑아서 제목으로 지었다. 하지만 '2017년 대기업 여성 CEO 급격히 증가' 또는 '여성 CEO 증가 추세'라고 제목을 붙일 수도 있다. 이렇듯 데이터 관점은 다양하므로 주의를 기울여야 한다.

설명글은 '설명하듯'이 작성한다

설명글에는 두 가지 품사를 사용할 수 있다.

- **형용사(명사 수식)**
  형용사를 사용해 성분 차트(파이나 폭포 차트)의 정적인 수치(연간 총액이나 비율)를 제시한다.

- **부사(동사 수식)**
  부사는 시간에 따른 변화를 나타내는 데이터(추세선)에 사용한다.

다음 쪽에서 예시와 함께 자세히 알아보자.

형용사로 막대 차트의 규모 설명하기

막대 차트는 보통
분석 대상(명사)의 수치를
표시한다. 막대의 높이나 길이를
비교하여 상대적인 수치(크기)를
확인할 수 있다. 크기 차이를
설명할 때 유용한 형용사들을
오른쪽에서 소개한다.

막대 차트 설명글에 유용한 형용사

가장 많이	가장 적게
성장	위축
가장 큰	가장 작은
더 높은	더 낮은
앞선	뒤처진
더 긴	더 짧은
더 강한	더 약한
이끄는	따르는
더 많은	더 적은
~보다 나은	~보다 못한
~보다 큰	~보다 작은
~보다 많은	~보다 적은

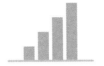

순위 막대 차트 설명글에 유용한 형용사

더	덜
처음	마지막
위로	아래로
앞선	따라가는
최대	최소
오르는	내리는

분할 및 플로팅 막대 차트 설명글에 유용한 형용사

더 넓은 ———————	더 좁은
시작하는 ———————	멈추는
착수하는 ———————	완료하는
왼쪽으로 ———————	오른쪽으로
앞선 ———————	뒤처진
가까운 ———————	먼
균형 잡힌 ———————	불균형인
기울어진 ———————	대칭인

TIP ▶ 그래프의 모양을 묘사해서 데이터의 특성을 설명할 수도 있다. '스키 점프를 해서 내려오는 모양 같다' '언덕에서 굴러떨어지는 것 같다' '바람 앞 등불 같다'는 등의 표현을 예로 들 수 있다.

형용사로 성분 차트의 비율 설명하기

파이 차트나 폭포 차트 같은 성분 차트[4]의 목적은 전체 중 가장 중요한 부분의 비율을 한눈에 보여주는 것이다. 가장 중요한 부분을 돋보이게 표현하면 다른 부분과의 차이가 잘 드러난다.

파이 차트

파이 차트는 전체에 대한 각 부분의 비율을 부채꼴 모양으로 나타낸 차트로 구성 요소의 비율 차이를 눈으로 직접 확인할 때 유용하다. 하지만 단순히 비율만 보여주기 때문에 만약 실제 수치의 차이를 보여줘야 하거나 정확한 크기로 비교해야 하는 경우 파이 차트가 아닌 막대 차트를 사용하는 것이 좋다.

폭포 차트

폭포 차트는 특정 항목의 증감을 분석할 때, 세부 항목이 어떻게 전체로 이어지는지 분석할 때 유용하다. 여기서 막대 각각은 세부 데이터를 나타내며, 막대 간의 비율 차이를 선명하게 보여준다. 이 차트는 어느 한 시점에서 데이터가 보이는 상태나 시간의 흐름에 따라 전체와 구성 비율이 어떻게 변화했는지를 보여준다.

---

4 각 성분의 크기에 비례해 표현된 차트를 말한다.

성분 차트 설명글에 유용한 형용사

큰 부분	작은 부분
큰 비율	작은 비율
그만큼	그에 못 미치게
가장 큰	가장 작은
많이	조금
중요한 부분	덜 중요한 부분
다수	소수
~보다 많은	~보다 적은
최고	최저
모든	일부분
중대한	사소한

성분 차트는 비율의 차이를 시각화하고,
데이터의 비례나 백분율을 시각적으로 보여준다.

왼쪽의 형용사를 사용해서 비율 차이에
대한 생각을 효율적으로 설명하자.

부사를 사용해 선 차트 추세 설명하기

선 차트는 시간의 흐름에 따른 수치 변화를 보여줄 때 많이 사용한다.
적절한 동사를 사용해서 수치 변화를 분명하게 묘사하자.

선 차트 설명글에 유용한 동사

올라가다	안정되다/내려가다
개선되다	침체되다
증가하다	변함없다/감소하다
회복하다	악화되다
상승하다	유지하다/하강하다
치솟다	지속하다/떨어지다
급증하다	폭락하다
늘어나다	쇠퇴하다
절정을 찍다	하락하다
능가하다	낙오하다

다중 선 차트 설명글에 유용한 동사

좁아지다	멀어지다
수렴하다	갈라지다
함께 움직이다	분리되다
좁혀지다/겹치다	멀어지다

왼쪽과 유사한 동사로
시간의 흐름에 따른 추세를 설명한다.

부사를 활용하면 시간의 흐름에 따른 변화를 설명할 수 있다

부사를 활용해 동사를 수식하면 수치 변화의 특성이나 선들의
관계를 설명할 수 있으며, 이를 통해 어떤 선이 무엇을 나타내는
지 더욱 분명하게 드러낼 수 있다.

수치 변화의 정도를 나타내는 부사를 활용하자.

1　극적으로, 급격히, 빠르게, 순식간에, 걷잡을 수 없이

2　상당히, 대폭, 의미 있게, 일관되게

3　어느 정도, 현저하게, 점진적으로, 꾸준히

4　서서히, 약간, 조금, 최소한으로

왼쪽에서 소개한 동사와 여기서 소개한
부사를 결합해서 다음과 같이 설명할
수 있다.

빠르게
오르고 있다

서서히
하락하고 있다

급격하게
떨어지고 있다

서서히 격차를
벌리고 있다

"관찰은 저물어가는 기술이다."

스탠리 큐브릭

CHAPTER

07

시각 요소로
차트 가독성 높이기

차트에 시각적 설명 요소 더하기

디자이너들은 차트에 여러 시각적 설명 요소를 담아내기 위해 노력한다.
그들은 단순하면서도 기발한 시각적 설명 요소들을 고안해 각 데이터에서 가장 의미 있는 부분을 강조한다.

시각적 설명 요소를 넣으면 요점을 더 빠르고 세련되게 전달할 수 있다. 이러한 시각적 설명 요소의 역할은 두 가지다. ① 중요한 데이터를 돋보이게 표현하거나(데이터 강조하기, 라벨 달기) ② 중요한 데이터에 수치 정보를 더하는(데이터 묶기, 기준선 추가하기, 데이터 세부 정보 추가하기) 것이다.

중요한 데이터를 돋보이게 표현하기

데이터 강조하기

막대 하나에만 튀는 색을 넣어서 중요한 데이터를
강조한다.

라벨 달기

눈에 잘 띄는 스타일의 라벨을 넣어 중요한 데이터
를 강조한다.

중요한 데이터에 수치 정보 더하기

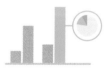

데이터 묶기

데이터들의 합과 차를 계산해서 보여준다.

기준선 추가하기

기준선이나 목표선을 추가하여 '미달' 부분과 '초과' 부분을 강조한다.

데이터 세부 정보 추가하기

높은 범주에서 하위 범주로 심층적으로 데이터를 분할한다. (가장 큰 비율을 차지하는 차트를 파이 차트로 보여주면 효과적이다.)

TIP ▶ duarte.com/datastory에서 Annotation Kit 파일을 다운받아 활용하자. 해당 파일은 다음의 URL을 통해서 바로 다운로드 할 수도 있다. duarte.com/wp-content/uploads/Annotation-Toolkit-2020-10_00_02.pptx

중요한 데이터를 돋보이게 표현하기

데이터 강조하기

차트에서 데이터의 일부분을 강조하려면 특정 요소에 돋보이는 색을 쓰고 나머지 요소들에는
밋밋한 색이나 회색을 사용한다.

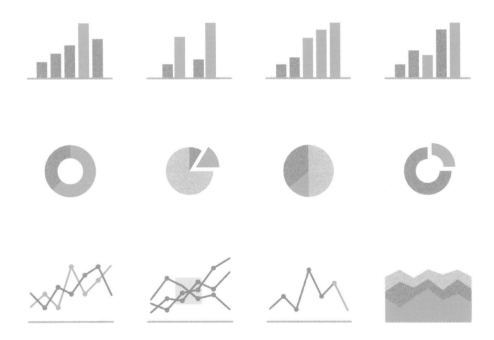

라벨 달기

차트에서 강조하고 싶은 수치가 있다면 해당 숫자를 크게 표시한다. 숫자에 그래픽 라벨까지
삽입하면 더욱 효과적이다.

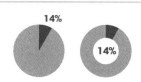

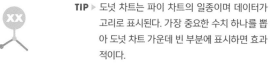

TIP ▶ 도넛 차트는 파이 차트의 일종이며 데이터가
고리로 표시된다. 가장 중요한 수치 하나를 뽑
아 도넛 차트 가운데 빈 부분에 표시하면 효과
적이다.

중요한 데이터에 수치 정보 더하기

데이터 묶기

연산이 필요한 데이터는 선이나 상자를 삽입해서 시각적으로 묶는다. 그런 다음 해당 수치를 더하거나, 빼거나, 곱한다. 예를 들어 파이 차트에서 여러 조각을 묶어 수치를 더하거나, 막대 차트에서 두 막대를 묶어 높이 차이를 계산해 보여준다.

기준선 추가하기

기준이나 목표 지점을 차트 안에 표시한다. 그런 다음 현재 우리가 목표를 얼마나 달성했는지 수치로 계산해서 보여준다. 기준선을 통해 목표 달성까지 얼마나 남았는지 등을 강조할 수 있다.

   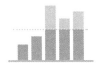 

데이터 세부 정보 추가하기

데이터 범주 안에는 보통 하위 범주들이 있다. 예를 들면 기업에
는 총 매출이 있고, 그 매출은 다시 지역별 매출로 나뉜다. 세부
데이터를 따로 뽑아서 보조 차트를 만들면 하위 범주의 세부 정
보를 보여줄 수 있다.

통찰을 시각적으로 전달하기

저자의 회사에서 데이터를 종합하고 시각화할 때 자주 사용하는 차트 중 하나가 바로 아래에 보이는 버블 차트다.
아래 차트에서 세로축은 주당 평균 근무 시간, 가로축은 실제로 업무에 집중한 시간의 비율을 나타낸다.
버블의 크기는 직원별 잡무 처리 시간의 양을 보여준다.

차트를 보면, 직원마다 근무를 하면서 실제 업무에 집중한 시간과 잡무를 처리한 시간의 차이가 매우 크다는 사실을 알 수 있다. 만약 현재 차트에 세로축으로 목표선(실제로 업무에 집중한 시간의 비율 75%)을 삽입한다면 그 값(목표선)을 초과하는 버블도 한눈에 볼 수 있다. 하지만 이 경우 너무 많은 정보를 보여

줘서 문제의 핵심을 알아내기가 힘들다. 우리가 알고 싶은 핵심은 단순히 잡무를 처리한 시간이 아니라 누가 능률이 높고, 누가 잡무를 많이 하고 있는지다. 이를 위해서는 마우스를 버블 위로 일일이 올려서 상세 정보를 확인해야 하는 불편함이 있다 .

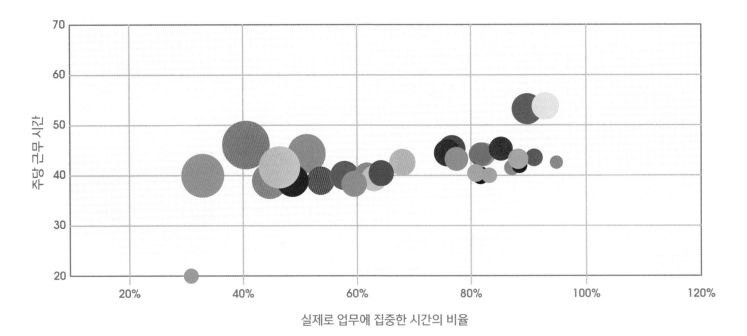

저자는 이 문제를 해결하기 위해 데이터 분석가에게 핵심을 더욱 확실하게 보여주는 차트를 새로 만들어 달라고 부탁했다. 이에 그는 아래와 같은 차트를 만들었다.

데이터 분석가는 기존 차트에서 연차가 높은 직원들이 근무 시간은 훨씬 길지만 전체 근무 시간 중 실제로 업무에 집중한 시간의 비율은 낮다는 사실을 발견했다. 예로 한 고참 직원은 상위

직급으로 승진 이후 실제 근무 시간은 길어졌지만 업무에 집중하는 시간은 크게 줄어들었다. 데이터 분석가가 만든 새 차트는 이런 점을 명확하게 보여준다. 덕분에 직원들의 근무 현황을 파악하기 위해서 버블마다 마우스를 올려 세부 내역을 확인하느라 시간을 낭비할 필요가 없어졌다.

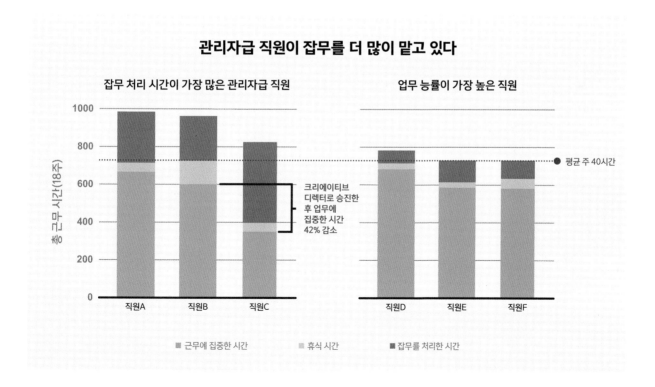

" **디자이너는
예술가, 발명가, 정비사,
경제학자, 전략가를
아우르는 존재다.** "

버크민스터 풀러[5]

5 지오데식 돔 등 시대를 앞서간 건축 디자인으로 유명한 건축가다.

08

핵심이 한눈에 들어오는
슬라이드 만들기

제안용 슬라이드 문서 만들기

시간은 부족한데 확인해야 하는 정보는 많기 때문에
대부분의 사람은 빠르고 쉽게 이해할 수 있는 문서를 선호한다.

슬라이드 문서는 정보를 빠르고 쉽게 전달할 수 있도록 배포용으로 작성된 시각 자료다. 프레젠테이션 소프트웨어를 사용하면 효과적인 문서를 손쉽게 만들 수 있다. 슬라이드 문서는 핵심 정보만 포함하기 때문에 이런 형태의 자료를 선호하는 경영자도 많다. 수집한 정보를 적절하게 구분해서 그룹화하면 보는 사람이 내용을 효율적으로 읽을 수 있다. 또한 작성자는 정보를 간결하게 추려서 전달하는 연습을 할 수 있다. 시각 효과를 활용한 문서의 종류는 다음과 같다.

내용의 밀도에 따른 문서 종류

정보 전달을 위한 문서

주장을 위한 심층 자료
모든 조직에는 메모, 보고서, 설명서, 편람과 같은 길고 딱딱한 형태의 문서가 있다. 이런 문서는 상세 정보 전달이 주목적이며 보통 줄글로 구성된다.

설명을 위한 슬라이드 문서

명료하게 한눈에 들어오는 제안 문서
상세 정보와 요약이 균형 잡힌 문서이며 제안의 요약본이나 유인물 용도로 제작된다. 설명을 위한 슬라이드 문서는 주로 프레젠테이션 소프트웨어를 통해 작성되며 차트와 시각 효과를 적극 활용한다.

설득을 위한 발표 자료

발표를 보조하는 프레젠테이션 자료
경쟁 프레젠테이션 또는 연구과제 발표장에서 화면에 띄우는 발표 보조 자료다. 말에 이미지의 힘을 더해 청중의 기억 속에 전달하고자 하는 메시지를 강렬하게 남길 수 있다.

경영자가 담당자에게 '다섯 장으로 구성된 슬라이드'를 요청하면 간결하고 읽기 좋게 준비해야 한다. 이때 슬라이드 문서는 발표 보조 자료가 아니므로 그 자체만으로 간결하고 빠르게 이해될 수 있도록 핵심 정보가 충분히 담겨있어야 한다.

뇌는 한 번에 하나의 정보 전달 루트에만 집중할 수 있기 때문에 대게 청중은 발표자의 말만 듣거나, 자료만 읽는다. 그래서 회의나 발표에서는 자료를 웬만하면 화면에 띄우지 않는다. 만약 자료를 화면에 띄워 달라는 요청을 받았다면 발표를 바로 시작하지 말고 청중에게 자료를 집중해서 읽을 시간을 주어야 한다. 그런 다음 논의를 통해 합의를 끌어내자.

슬라이드는 한 장에 하나의 개념만 포함하기 때문에 완전성을 가진다. 그래서 모듈처럼 활용할 수도 있고 슬라이드를 복사해 다른 문서에 붙여넣을 수도 있다. 슬라이드 문서는 아이디어를 아주 효과적으로 전달할 수 있는 방법 중 하나다. 슬라이드를 잘 만들면 다른 사람들이 진가를 알아보고 공유하면서, 그 슬라이드가 더 널리 인정받게 만들어주기 때문이다.

TIP ▶ 회의에 참석한 사람들이 슬라이드 문서를 미리 읽지 않고 왔다면 회의 시작 전 10분 정도 문서를 읽을 시간을 준다. 그러면 참석자들이 발표 중간에 끼어드는 일이 줄어든다. 그리고 참석자들에게 후반부에 토론 시간이 있음을 알려서, 말하고 싶은 내용을 미리 생각해달라고 요청하자.

슬라이드 문서를 실용서라고 생각하기

슬라이드 문서를 만들 때 잘 디자인된 책과 오랜 시간을 거쳐 정립된 문서 구성 방식을 참조하면 좋다.
책은 표지, 목차 그리고 장표제 등으로 이루어져 있어서 한눈에 내용 구성을 확인하기 좋다.

슬라이드 문서는 시각 요소와 글을 적절히 활용해서 정보를 보여주기 때문에 잘 디자인된 실용서와 비슷하다. 일반적으로 표지는 전달하고자 하는 메시지를 제일 처음 표현하는 곳이다. 실제로 많은 사람들이 제목이 그럴듯하다는 이유만으로 책을 선택한다. 슬라이드 문서의 표제지가 실용서의 표지 역할을 하는데, 여기에 제목, 작성자 이름, 날짜 등이 들어간다. 제목과 부제는 제안을 기억하기 쉽도록 간단명료하게 작성한다. 그림으로 본문에 앞서 나오는 '앞 부속'[6] 구성 요소를 알아보자.

슬라이드 문서 앞 부속 구성 요소

제목 또는 부제
책 제목과 마찬가지로 슬라이드 문서의 제목 역시
내용을 읽고 싶게끔 작성해야 한다. 그러니 데이터 관점을
명료하게 표현해야 한다. 주제를 더 자세하게
풀어써야 한다면 부제를 넣는다.

작성자 이름
작성자 이름 밑에 연락처를 넣어서 슬라이드
문서가 공유될 경우 사람들이 쉽게 연락을 할 수
있도록 한다.

날짜
정보의 적시성은 제안의 타당성을 확보하기 위한
필수 요소다. 날짜 정보는 슬라이드 문서가 어느 시점을
기준으로 작성됐는지를 알려준다.

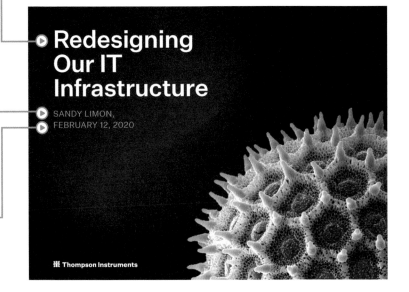

---

6 책에서 본문을 제외한 표제지, 속표지, 머리말, 목차, 일러두기 등을 말한다.

슬라이드 문서를 읽는 사람은 목차를 보고 제안의 흐름과 핵심을 이해한다. 목차에 쪽 번호를 넣어 읽는 사람이 가장 관심을 가지는 내용으로 바로 넘어갈 수 있게 한다. 다만, 본문이 10쪽 미만이라면 목차를 작성하지 않아도 된다.

목차는 문서의 제일 앞에 위치하지만 작성은 제일 마지막에 하는 것이 좋다. 본문을 쓰다 보면 내용이나 순서가 처음 계획과 달라지는 경우가 종종 있기 때문이다. 그러므로 본문 전체 구성이 확정되지도 않았는데 목차에 쪽 번호를 입력하느라 시간 낭비하지 말자.

목차 다음 페이지에는 요약 보고서가 위치한다. 요약 보고서는 핵심을 요약해 보통 한 장으로 작성한다. 항목을 나누지 말고 핵심 생각을 담은 완전한 문장으로 작성하자.

쪽수 또는 항목 번호
슬라이드 문서를 주제별로 구성했다면 주제의 제목과 쪽 번호를 넣는다.

페이지 링크
목차에 하이퍼링크를 연결해서 읽는 사람이 원하는 항목으로 바로 이동할 수 있도록 구성한다.

요약 보고서
3막 구성을 따른다. 본문에서 전달하고자 하는 핵심 내용을 완전한 문장으로 작성한다. 경영자는 시간을 절약하기 위해 요약 보고서만 읽기도 한다.

쉽게 읽을 수 있도록 구성하기

각 슬라이드에는 어느 요소를 먼저 읽어야 하며 다음에는 무엇을 읽어야 하는지
한눈에 알 수 있도록 레이아웃을 구성해야 한다.

대부분의 경우 제목과 부제는 왼쪽 위에 크게 넣어야 한다. 기본적으로 프레젠테이션 소프트웨어에서 슬라이드 제목은 왼쪽 위에 위치한다. 문서를 읽을 때 왼쪽에서 오른쪽으로 그리고 위에서 아래로 시선이 옮겨가기 때문이다. 다시 말해, 왼쪽 위에서부터 오른쪽 아래를 향해 Z자 모양으로 시선이 움직인다.

슬라이드 문서의 레이아웃도 이런 식으로 구성해야 읽는 사람에게 내용을 빠르게 전달할 수 있다. 슬라이드 문서는 언제나 화면 왼쪽 위에서부터 오른쪽 아래 방향으로 읽을 수 있도록 구성하자.

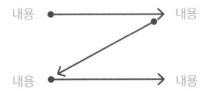

슬라이드 문서는 데이터, 이미지, 차트, 텍스트로 구성된다. 아래의 그림은 이 네 가지 요소의 구성 예시다.

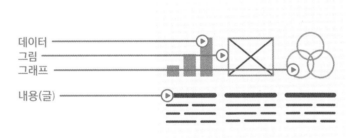

오른쪽에 있는 레이아웃 예시를 살펴보자. 제목은 기본 위치에 있지만, 각 슬라이드마다 구성 요소들을 다르게 배치했고, 단을 2단, 3단, 4단으로 분할했다. 단은 이보다 더 나눌 수 있지만, 7단 이상으로 나누는 건 추천하지 않는다. 최대 6단까지만 나누자.

2단 구성	3단 구성	4단 구성
한 쪽을 반으로 나누어서 사용	**한 쪽을 세 부분으로 나누어서 사용**	**한 쪽을 네 부분으로 나누어서 사용**

제목 + 부제

제목 + 부제

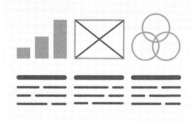

제목 + 부제

제목 + 부제

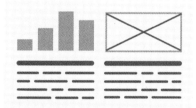

제목 + 부제

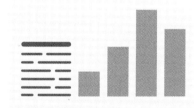

제목 + 부제

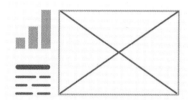

제목 + 부제

제목 + 부제

제목 + 부제

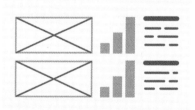

제목 + 부제

제목 + 부제

제목 + 부제

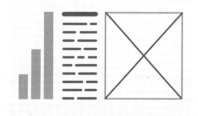

기본 서식을 탈피해 핵심 내용 강조하기

패널[7]을 사용하면 슬라이드 문서에서 중요한 내용에
시선을 집중시킬 수 있다.

앞쪽에서는 제목이 왼쪽 위에 놓인 기본 서식을 설명했다. 기본
서식보다 더 핵심 내용을 강조하고 싶다면 가로나 세로로 컬러
패널을 추가하면 된다. 패널 안에 특정 요소, 요약문, 주요 시사
점 등을 크게 넣어서 눈에 띄게 만들 수 있다.

제목과 부제

슬라이드 제목에 주의를 집중시키려면 왼쪽에 패널을 넣으면 된다.
그러면 읽는 사람들은 제목을 가장 먼저 보게 된다.
이 방식을 첫 슬라이드에 사용해도 되고, 첫 슬라이드가 아니더라도 제목을
강조해야 할 때 사용해도 된다.

주요 시사점

대부분의 사람은 왼쪽 위에서 오른쪽 아래로 Z자 모양을 그리며 글을 읽기
때문에 핵심 내용이나 요약문, 주요 시사점 등을 정리한 패널은
슬라이드 아래쪽이나 오른쪽에 배치하면 좋다. 이렇게 구성하면
읽는 사람이 핵심을 직관적으로 이해할 수 있다.

---

7 슬라이드 내 분리된 별도의 항목을 '패널'이라고 한다. 예를 들어 슬라이드를 둘로 나눠 한쪽에 배경색을 추가하면 하나의 패널이 된다.

패널로 요소를 강조한 레이아웃

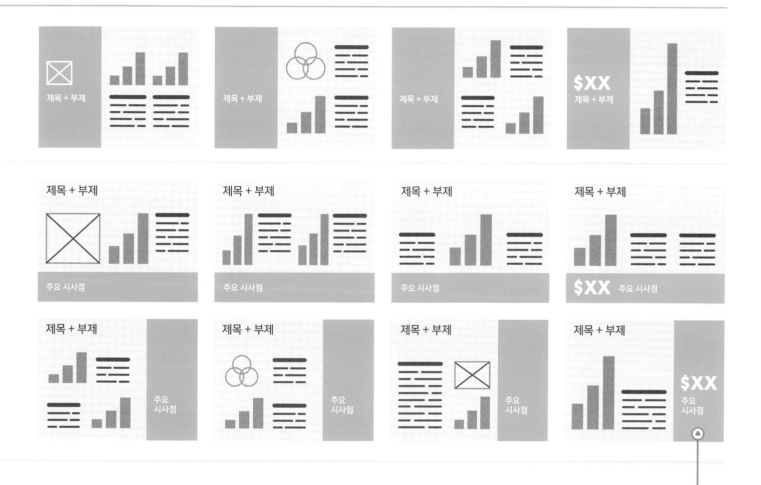

중요한 통계 자료
패널은 여러분이 중요하게 생각하는
통계 수치를 강조해서 보여줄 때
유용하다.

중요한 텍스트 강조하기

읽는 사람이 핵심 내용을 알아보기 쉽도록 슬라이드마다 중요한 텍스트를 강조하자. 텍스트를 강조하는
방법에는 몇 가지가 있는데 잡지, 신문, 웹사이트 같은 매체들은 이미 수십 년 전부터 다음의 다섯 가지 방법으로
텍스트를 강조해왔다. 아래는 동일한 내용의 요약 보고서를 여러 가지 버전으로 구성한 예시들이다.

텍스트를 강조하는 5가지 방법

글자 속성 변경하기

글자색이나 속성(**굵게** 또는 *기울임*)을 바꿔서
강조한다. 다른 글자와 차이를 두어 시선을 끌 수
있다.

글자 강조하기

글자에 배경색을 넣어서 형광펜을 사용한 것 같은
효과를 준다. 검은색 글자에는 밝은색 배경을,
흰색 글자에는 어두운색 배경을 넣는다.

경계선 또는 구성 틀 벗어나기

세로 단의 경계선 밖으로 글자를 내어 써서
강조한다.

큼직한 따옴표 넣기

인용문에 따옴표를 크게 넣어서 중요성을
나타낸다.

도형 안에 글자 넣기

도형 안에 글자를 넣고 배경색을 채우거나
윤곽선을 넣는다.

TIP ▶ duarte.com/slidedocs에서 시각적으로 뛰
어나며 실용적인 슬라이드 문서 서식(영문)들
을 다운받을 수 있다.

제안 나무 구조 점검하기

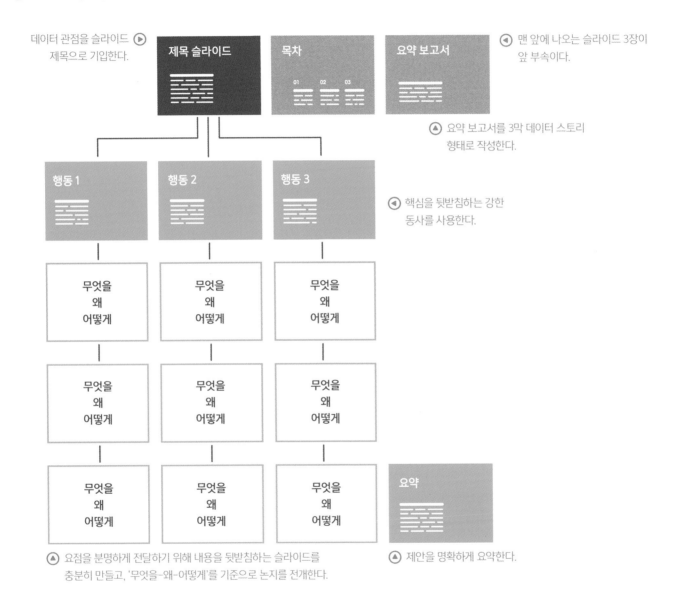

데이터 관점을 슬라이드 ▶ 제목으로 기입한다.

맨 앞에 나오는 슬라이드 3장이 ◀ 앞 부속이다.

요약 보고서를 3막 데이터 스토리 ▲ 형태로 작성한다.

핵심을 뒷받침하는 강한 ◀ 동사를 사용한다.

요점을 분명하게 전달하기 위해 내용을 뒷받침하는 슬라이드를 ▲ 충분히 만들고, '무엇을-왜-어떻게'를 기준으로 논지를 전개한다.

제안을 명확하게 요약한다. ▲

슬라이드 문서를 인쇄해서 벽에 붙여보면 왼쪽과 같은 구조가 나올 것이다.
큰 규모의 연구 또는 중대한 제안을 할 때는 슬라이드가 훨씬 더 많이 필요할 수도 있다.

참고 자료는 부록으로 첨부

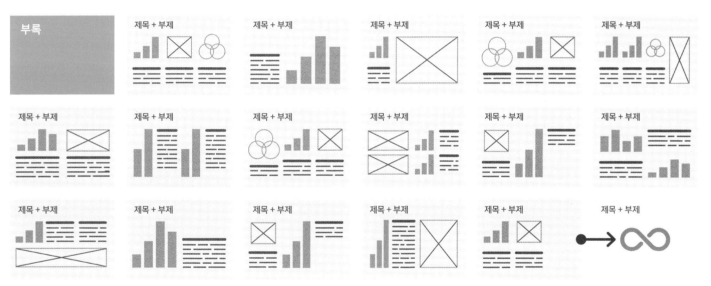

⬆ 부록에는 슬라이드를 원하는 만큼 넣는다.
읽는 사람이 자세히 확인할 경우를 대비해 정확하고
알아보기 쉽게 구성한다.

제안 나무 구조의 슬라이드 문서 검토하기

톰슨 인스트루먼트[8]의 IT 책임자는 경영진에게 IT 기반 설비 및 장비 보강을 위한
예산 지원을 요청하기 위해 오른쪽의 슬라이드 문서를 작성했다.

가장 위쪽에서 슬라이드의 제목, 차례, 요약 보고서를 볼 수 있
다. 그 밑으로 하위 단계 세 개의 제목이 제안의 핵심을 뒷받침
한다. 이어서 각 장의 제목 아래로 '무엇을-왜-어떻게'에 답하는
많은 정보를 한눈에 알아볼 수 있도록 작성했다.

---

8 미국 오션사이드에 본사를 둔 생명공학 기업이다.

❝좋은 디자인은 좋은 비즈니스다.❞

토마스 왓슨 주니어[9]

—
9 IBM의 전 회장으로 PC 개발을 주도했다.

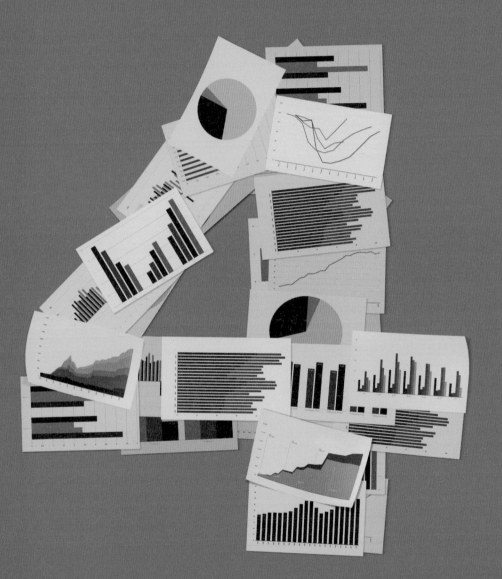

실전!
데이터 활용하기

규모로 보여주기

익숙한 대상과 데이터 비교하기

데이터를 설명할 때 사용하는 숫자 단위는 우리가 이해하기에 너무 클 때도, 작을 때도 있다.
실제로 볼 수 없는 대상의 크기를 우리가 어떻게 인식할 수 있겠는가.

다른 사람에게 데이터의 규모를 쉽게 이해시키고 싶다면 그 숫자를 익숙한 대상과 비교하자. 아마존 창업자 제프 베이조스Jeff Bezos의 재산과 관련한 뉴스가 세간의 이목을 집중시켰던 2018년의 어느 날, 닐 더그래스 타이슨Neil deGrasse Tyson[1]은 트위터에 이런 글을 남겼다.

"아마도 제프 베이조스가 가진 1,300억 달러를 쭉 펼치면 지구를 200바퀴 감은 다음, 달을 15번 왕복하고, 남은 돈으로 지구를 8바퀴 더 감을 수 있다." [18]

얼핏 듣기에도 어마어마한 숫자다. 그런데 지구에서 달까지 가는 거리는 정확하게 얼마일까? 측정된 거리는 38만 킬로미터 정도다. 엄청난 거리이긴 하지만 머릿속에 와닿지는 않는다. 그 정도로 먼 거리를 여행한 사람은 거의 없다. 우리가 보통 비행기를 타고 갈 수 있는 가장 먼 거리는 1만 6,000킬로미터 정도다. 타이슨이 "1,300억 달러를 1달러짜리로 쌓은 두께는 약 1만 4,000킬로미터 정도인데, 이는 미국 국토를 약 3.4번 왕복할 수 있는 거리다."[2]라고 했다면 그 액수의 규모가 조금 더 쉽게 와 닿았을 것이다.

〈포브스〉[3]지는 다른 방법으로 베이조스의 재산을 측정했다. 먼저 그의 연 소득을 확인하기 위해 2017년과 2018년 순자산의 차이를 계산했다. 수치를 좀 더 현실감 있게 나타내기 위해 그의 시급을 계산했는데 447만 4,885달러라는 어마어마한 숫자가 나왔으며, 이는 아마존의 연봉 중위값인 2만 8,466달러의 157배에 달하는 금액이다. 시급을 조금 더 세분화해 보면, 그는 분당 7만 4,581달러, 초당 1,243달러를 번 셈이다.[4] [19]

오늘날 우리는 인간의 사고 범위를 넘어서는 규모의 숫자를 많이 사용한다. 2004년에 페이스북 사용자가 20억 명을 돌파했다. 2018년에 애플은 상장 기업 최초로 순자산 1조 달러를 돌파했다. 2018년 12월에 미국 국채는 21.97조 달러를 돌파했다. 이런 숫자들을 사람들에게 어떻게 이해시킬 것인가?[5]

스티브 잡스는 신제품을 자신의 얼굴 바로 앞으로 들어 올렸다. 커다란 화면에 잡힌 이 모습을 보고 청중들은 제품의 크기를 단번에 짐작할 수 있었다.

1 내셔널 지오그래픽의 프로그램 〈스타토크〉를 진행하고 있는 천체물리학자다.
2 서울과 부산의 거리를 약 400킬로미터로 봤을 때 17.5번 왕복할 수 있는 거리다.
3 미국 뉴욕에 본사를 두고 있으며 비즈니스 전문지 《포브스》를 발행하는 출판미디어 기업이다.

4 447만 4,885달러는 한화로 대략 50억 원이며, 2만 8,466달러는 3,000만 원이다. 계산에 따르면 제프 베이조스는 대략 분당 8,200만 원, 초당 140만 원을 벌고 있다.
5 1조 달러는 한화로 1,100조 원, 21.97조 달러는 2만 3,000조 원이다.

규모에 대한 감각 키우기

데이터는 항상 정확해야 한다. 하지만 다른 사람에게 데이터의 규모를 이해시키기 위해서는 정확성에
너무 집착해서는 안 된다. 데이터의 규모를 빨리 이해시키고 싶다면 어림잡아 짐작할 수 있는 대상과 데이터를
비교해야 한다.

정확성에 집착하는 사람은 이번 장에서 설명하는 내용이 썩 내키지 않을 수도 있다. 하지만 그런 사람이야말로 이번 장에서 가장 많은 걸 배울 수 있다.

베이조스의 자산을 1달러 지폐로 쌓는다고 가정한 예시에는 미국 재무부[6]에서 제시한 1달러 지폐 두께(0.10922밀리미터)를 계산 기준으로 사용했다. 현실에서는 막 발행된 빳빳한 지폐와 시중에 유통되어 어느 정도 구겨진 지폐의 두께는 차이가 있을 것이다. 하지만 규모를 짐작할 때 그런 차이는 중요하지 않다. 미국 사람들에게는 1달러 지폐의 두께를 어림잡아 짐작할 수 있는 감이 있기 때문이다.

사람들이 규모를 감지하는 일반적인 방법

다른 사람에게 어떤 데이터가 얼마나 크거나 작은지 이해시키기는 쉽지 않다. 그러나 익숙한 대상과 데이터를 비교하면 조금은 더 명확하게 규모를 보여줄 수 있다.

크기
익숙한 대상의 크기와 비교한다.
(예: 버스, 아파트 등)

거리
잘 알려진 거리에 비교한다.
(예: 서울-부산 거리, 인천-서울 왕복 거리 등)

시간
시간의 한 부분에 비교한다.
(예: 인간의 평균 수명, 서울-부산 왕복 시간 등)

속도
익숙한 무언가의 이동 속도에 비교한다.
(예: 비행기, 자동차, KTX 등)

---

6 재정, 통화 정책, 화폐 발행 등을 담당하는 국가행정조직이다. 우리나라의 기획재정부, 한국은행과 유사한 업무를 수행한다.

무게/높이 등을 효과적으로 표현하는 방법

직관으로 인식하기가 힘든 단위도 있다. 이 경우 적당한 비교 대상을 찾기 까다롭다.

무게

무게는 업무 및 일상생활에서 흔히 접하는 개념이지만, 눈으로 짐작할 수 없기 때문에 직관으로 인식하기 어렵다. 물론, 우리 뇌는 부피를 바탕으로 사물의 무게를 짐작하기는 하지만, 밀도의 차이로 인해 부피와 무게는 생각처럼 비례하지 않는다. 커다란 물체도 꽤 가벼울 수 있다. 그리고 우리가 직접 들 수 없는 사물의 무게는 짐작하기 어렵다. 물병 하나를 들어보고 그 무게감을 알았다고 해서, 물병 100만 개의 무게를 짐작할 수는 없다.[7]

높이

높이는 길이나 거리에 비해 인식하기 어렵다. 우리는 익숙한 사물(예: 전신주, 건물 높이, 골대 등)들을 볼 때 높이에 대한 나름의 인식이 있다. 그 사물들을 자주 보았기 때문이다. 하지만 우리가 익숙한 높이를 벗어나면 직관적으로 인식하기 어렵다. 어떤 대상의 높이가 1킬로미터 정도라고 설명해도 비행기 조종사가 아닌 이상 그 높이를 짐작할 수 없다. 그만한 높이의 사물을 자주 보지 못했기 때문이다.

미세 측정 단위

미세 측정 단위의 세계에서는 머리카락의 굵기와 모래알 하나의 너비에도 어마어마한 차이가 있다. 하지만 우리는 일반적으로 그 차이를 인지할 수 없다. 현미경을 자주 들여다보는 일을 하지 않는다면 미세한 규모의 수치들을 비교하기 쉽지 않기 때문이다. 이러한 미세 측정 단위를 효과적으로 전달하려면 우리가 평소 익숙한 사물 안에 아주 작은 대상이 얼마나 들어갈 수 있는지 말하면 된다. 예를 들어 '티스푼 1/5 만큼의 물 안에 박테리아 10억 마리가 헤엄치고 있다'고 말하는 식이다.[20] 그러면 박테리아가 아주 작은 존재라는 걸 쉽게 이해할 수 있다.

상상력을 이용할 필요 없이 직접 보거나 느낄 수 있는 대상을 데이터와 비교하면 그 규모가 훨씬 쉽게 이해된다. 차트에 수치를 표현하더라도 단위를 이해하기 어려운 경우가 많다. 그러니 익숙한 사물을 비교 대상으로 삼아 쉽게 설명하자.

---

[7] 직경 6.35센티미터의 500미리 생수 100만 병으로 축구장 3/4를 채울 수 있다(정확히 말하면 75.35204). 이렇게 설명하는 것이 다른 대상의 무게와 비교해서 설명하는 것보다 쉽게 전달된다.(저자 주)

익숙한 크기와 데이터 연결하기

주변에 있는 여러 사물의 크기를 비교해보자. 우선 크기가 비슷한 것을 찾고 그다음으로
그보다 반 정도 작은 것을 찾아보자.

지금 주변에는 없지만 익숙한 다른 사물 중 크기가 비슷한 것들
을 머릿속에 떠올려보자. 이런 상상은 쉽게 할 수 있다.

차트는 셀 수 있고 측정할 수 있는 수치를 나타내는 경우가 많다.
그 수치를 다른 사물의 크기로 변환하자. 예를 들어 판매가 부
진하여 100만 개의 악성 재고가 발생했다면 '그 재고로 영업팀
이 있는 건물의 절반 정도는 채울 수 있다'라는 식으로 표현하자.
또는 100만 달러를 쌓거나 일렬로 놓는다고 가정하고 그 길이를
설명하는 것도 수치의 규모를 다른 사람에게 전달할 때 유용한
방법이다.

길이를 쉽게 전달하는 방법

길이, 너비, 높이
(두께와 거리도 포함)

일반적인 단위로 표현하기

직선거리를 표현하는 센티미터, 미터, 킬로미터, 밀리미터, 인치,
피트, 야드, 마일 등

익숙한 길이로 표현하기

익숙한 길이에는 키나 손발의 길이, 팔 길이, 신용카드 또는 차선
의 너비 등이 있으며, 쉽게 다가오는 거리로는 운동장 트랙 한 바
퀴, 도시를 가로지르는 거리, 두 건물의 간격, 집에서 회사까지의
통근 거리 등이 있다.

통계 수치로 표현하기

2008년에 스티브 잡스는 맥북 에어를 발표하면서 1.94센티미터
두께의 '세계에서 가장 얇은 노트북'이라고 설명했다.

익숙한 대상과 비교하기

스티브 잡스는 신형 노트북 발표 현장에서 맥북 에어를 서류 봉
투에서 꺼내는 퍼포먼스를 통해 서류 봉투와 노트북 두께를 비
교했다.

넓이를 쉽게 전달하는 방법

넓이
(길이 X 너비)

일반적인 단위로 표현하기

제곱센티미터, 제곱미터, 제곱킬로미터, 평, 제곱인치, 제곱피트, 제곱야드, 에이커, 제곱마일 등

익숙한 넓이로 표현하기

축구장, 농구 코트, 도시의 블록 하나, 시의 경계 등이 있다. 한국에서는 평으로 장소의 크기를 나타내며 일본에서는 다다미 장수로 방 하나의 넓이를 나타낸다(다다미 한 장은 보통 180×90 센티미터다). 장소는 보통 넓이 단위로 측정한다.

통계 수치로 표현하기

태평양의 '거대 쓰레기 지대'는 해류를 따라 흘러온 플라스틱 쓰레기 더미가 바다 위에서 한자리에 모인 지역으로, 그 넓이가 160만 제곱킬로미터 이상이다.[21]

익숙한 대상과 비교하기

올 한 해 인류가 버린 쓰레기를 한데 모으면 그 넓이가 한반도의 두 배 정도이다.

부피를 쉽게 전달하는 방법

부피
(길이 x 너비 x 높이)

일반적인 단위로 표현하기

밀리리터, 리터, 세제곱센티미터, 세제곱미터, 세제곱인치, 세제곱피트, 세제곱야드

익숙한 부피로 전달하기

건물, 경기장, 수영장, 화물 컨테이너, 비행기 등 보고 쉽게 떠올릴 수 있는 것들로 표현한다. 예를 들어 '수륙양용차'라고 표현하기 보다는, 그냥 '보트' 또는 '차'라고 표현하는 편이 부피감을 조금 더 제대로 전달할 수 있다.

통계 수치로 표현하기

아이폰 6S의 포장 박스는 아이폰 초기 모델보다 항공 화물 컨테이너에 50% 이상 더 실을 수 있다.

익숙한 대상과 비교하기

애플은 화물기 4대로 수송해야 했던 물량을 이제 2대만으로 수송할 수 있어서 이산화탄소 배출량을 줄일 수 있다고 설명했다. 이는 두 가지의 대상을 묶어 수치로 설명한 좋은 예이다.[22]

익숙한 시간 단위와 데이터 연결하기

시간과 속도는 서로 연관되어 있을 때가 많아서 비교 대상으로 삼기 좋다. 예를 들어 거리를 설명할 때, 자동차나 비행기를 타고 어디론가 일정 속도로 이동할 때 걸리는 시간이 얼마인지 이야기하면 효과적이다. 거리는 시간에 속도를 곱한 값이기 때문이다.

얼마나 오래 걸리는지 표현하는 방법

 시간

일반적인 단위로 표현하기

초, 분, 시, 일, 월, 연
필요한 경우 세기(100년) 단위로 나타내기도 한다.

익숙한 시간 단위로 표현하기

노동 시간, 비행기로 도시를 이동하는 시간, 드라마 한 편의 길이, 라면 끓이는 시간, 도시락을 전자레인지에 돌리는 시간, 계란 삶는 시간, 밥하는 시간 등으로 표현한다.

통계 수치로 표현하기

복잡한 데이터를 처리하는 데 23~26시간이 걸린다.

익숙한 대상과 비교하기

우리 시스템에서 대용량 데이터를 처리할 때, 지금 방식을 사용하면 차로 서울에서 부산까지 가는 시간보다 더 걸린다. 처리 방식을 개선하면 적어도 서울에서 수원까지 가는 시간 정도로 줄일 수 있다.

얼마나 빨리 가는지 표현하는 방법

 속도

일반적인 단위로 표현하기

시속, 다양한 장소로 이동하는 데 걸리는 시간

익숙한 속도로 표현하기

눈 깜빡이는 속도, 걷거나 뛰는 속도, 롤러코스터처럼 빠른 속도 등은 쉽게 이해할 수 있다. 1/1000초나 CPU의 클록 주기는 일반적으로 쉽게 이해하기 힘들다.

통계 수치로 표현하기

달은 지구에서 43만 킬로미터가량 떨어져 있는데, 이는 얼마나 먼 거리일까?

익숙한 대상과 비교하기

우주학자 프레드 호일[8]에 따르면, 하늘을 향해 자동차를 시속 90킬로미터로 운전하면 한 시간 안에 우주에 도착할 수 있다고 한다. 차를 타고 달에 도착하려면 4,000시간(대략 반년) 정도 쉬지 않고 운전해야 한다.[23] 그리고 태양과의 거리는 1억 5,000만 킬로미터 정도로, 시속 100킬로미터로 177년 동안 운전하면 도착할 수 있다.

크기, 시간, 거리를 혼합해서 비교하는 방법

우리는 어떤 대상의 규모를 보통 수량, 크기, 거리, 시간, 속도를 통해 짐작한다. 그러므로 이 측정 단위들을 혼합해서 사용하면 데이터를 더욱 효과적으로 전달할 수 있다.

크기(넓이)와 비교하기

■ **단위:** 이 앞에 있는 작은 하늘색 사각형은 1.27밀리미터다.

• **비교:** 하늘색 사각형 100만 개를 담으려면 이 책 기준으로 약 31쪽이 필요하다. 10억 개를 담으려면 3만 864쪽이 필요하며, 1조 개를 담으려면 3,086만 4,197쪽이 필요하다. 그리고 3,086만 4,197쪽으로 이루어진 책의 두께는 2킬로미터 정도다.

시간과 비교하기

• **단위:** 100만 초는 11.57일이고, 10억 초는 31.7년이고, 1조 초는 3만 1,688년이다.

• **비교:** 매일 100만 원씩 돈을 쓰면 1조 원을 쓰는 데 2,740년이 걸린다.

거리와 비교하기

• **단위:** 1밀리미터는 종이 클립이나 신용카드 하나의 두께, 그리고 기타 줄의 굵기 정도다.

• **비교:** 100만 밀리미터는 1킬로미터다(광화문에서 시청까지의 거리 정도). 10억 밀리미터는 1,000킬로미터(서울에서 베이징까지의 거리 정도)다. 1조 밀리미터는 100만 킬로미터로, 지구 25바퀴를 도는 거리다.

저자는 여러 강의를 진행하면서 온갖 희한한 대상에 데이터를 비교하는 사람들을 봐왔다. 예를 들어 한 참가자는 "링크드인에서 진행하는 모든 회의가 양치질 한번 할 시간 만큼씩만 늦춰졌다면, 우리 회사에는 필요 없는 사람이 1,250명 정도 채용됐을 겁니다."라는 알쏭달쏭한 비유를 들었다. 또 다른 사람은 자신의 데이터가 <심슨 가족> 552편을 정주행할 수 있는 시간에 맞먹는다고 비유하기도 했다.

---

8 정상우주론을 처음으로 주장한 천문학자다.

익숙한 사물과 데이터 비교하기

크기나 시간, 그리고 속도를 다양한 사람, 장소, 사물에 비교하면
다른 사람에게 그 규모를 설명하기 편하다.

익숙한 사물의 크기로 비교하는 방법

실제 물건의 크기를 설명할 때 모두가 잘 아는 사물을 비교 대상
으로 사용하자. 두 사물을 가까이 두고 한 사물을 비교 대상인
사물 안에 넣거나, 위에 올리거나, 밑에 두거나, 옆이나 앞에 둬
서 크기를 명확하게 보여준다.

특정 장소 안에 들어갈 수 있는 사람의 수로 데이터를 설명하는
것도 좋은 방법이다. 일반적으로 승합차, 버스, 비행기, 건물, 경
기장, 병원, 공연장은 익숙한 공간이므로 크기를 쉽게 이해할 수
있다.

가령 어떤 서비스의 이용자가 100만 명이고 잠실 야구장에 3
만 명이 들어갈 수 있다는 사실을 알고 있다면 "우리 서비스의
이용자는 잠실 야구장 34개를 채울 만큼 많다"라고 설명할 수
있다. 정확성에 집착하는 사람을 위해 덧붙이자면 정확히는
33.333333333333번이다. 이처럼 반올림을 유용하게 사용하면
청중이 규모를 쉽게 이해하는 데 도움이 된다.

스티브 잡스는 아이팟을 공개할 때, 메가바이트(직접적으로 와
닿지 않는 단위)를 사용하지 않고 바지 주머니에 넣을 수 있을
정도로 작은 아이팟에 몇 곡의 노래(아주 익숙한 대상)를 저장
할 수 있는지를 강조했다.

*"마침 제 주머니에 하나가 있네요. 이 작고 놀라운 기기는 노래
1,000곡을 저장하고도 제 주머니에 쏙 들어갑니다." -스티브 잡스*

데이터에 대한 감정 표현하기

데이터를 통해 얻은 결과를 감정으로 표현하자.
의미 있는 수치가 나왔다면 기쁨을, 반대로 절망적인 수치가 나왔다면 슬픔을 표현하자.

감정을 표현하는 말

데이터를 보고 느낀 감정을 말로 표현한다.

- "이거 대단하지 않습니까?"
- "정말 놀라운 일입니다!"
- "우리 모두가 최선을 다해서 회사 매출과 이익률을 정상 궤도로 돌려놓았습니다. 모두 열심히 노력해준 덕분에 이룰 수 있었던 결과입니다. 저는 지금 기분이 굉장히 좋습니다."
- "안타까운 일입니다. 정말로 안타까운 일입니다."

감정을 나타내는 음향효과

차트 위를 달리는 자동차가 있다고 상상하며 곡선이 갑자기 꺾일 때 '끽'이라고 소리를 낸다. 스티브 잡스는 신제품 발표회에서 시연 제품의 빠른 속도에 감탄하며 '붐'이라고 79번이나 소리 내어 말했다.

- **폭발**: 쾅, 탕, 빵
- **붕괴**: 펑, 탕, 쿵, 꽈당, 탁, 툭, 덜컹, 콰광, 털썩
- **고속**: 쌩, 휙, 붕, 횡

감탄사

감정을 짧게 나타내는 탄성을 적절히 사용해서 극적인 효과를 낸다. 감탄사는 나중에 자세히 살펴보자.

긍정적인 감탄사[24]

- **안도**: 아-, 오우, 휴
- **성취**: 아하, 만세, 오예, 유후
- **감동**: 우와, 야호, 키야
- **놀람**: 아!, 어머나~!, 뭐? 세상에!, 정말 놀라운걸요!
- **경외감**: 와, 아, 오, 와우

부정적인 감탄사

- **실망**: 윽, 에고, 헉, 이런
- **경멸**: 우웩, 으으, 쳇, 참나
- **좌절**: 맙소사, 설마, 안돼, 으악
- **조롱**: 흑흑, 아 예예, 쯧쯧

수사적 질문

질문은 청중에게 전하고자 하는 핵심 내용을 지속적으로 상기시키는 효과적인 방법이다. 저자는 우수한 연설 자료를 연구하는 과정에서 스티브 잡스가 생전에 했던 모든 공개 발언을 수집하며 한 가지 사실을 발견했다. 잡스는 청중을 끌어들이기 위해 수사적 질문[9]을 자주 했다는 사실이다.

스티브 잡스

"아시다시피 우리는 아이맥을 8월 15일부터 연말까지 줄곧 출고해왔습니다. 아이맥이 몇 대나 출고됐을까요? <수사적 질문> 어마어마한 물량이 나갔습니다. <감정 표현> 80만 대였죠. 4달 반만에 아이맥 80만 대가 나간 겁니다. 계산해보면 매주, 매일, 매시, 매분 15초마다 한 대씩 나간 셈이죠. 그 기간 동안 아이맥이 세계 어딘가에서 팔린 것입니다. <익숙한 시간 단위> 정말 뿌듯합니다. <감정 표현> 아이맥이 미국에서 가장 잘 팔리는 컴퓨터 모델이 되어서 정말 행복합니다. <감정 표현>"

보노 (U2의 보컬리스트)

2013년 TED 강연에서 보노는 '영혼을 파괴하는 빈곤'에 시달리는 인구가 1990년에 43%였는데, 2010년에는 21%로 줄어들었다고 말했다. 그리고 그는 아래와 같이 감탄했다.

"이런 감소세가 지속된다면 하루를 1.25달러로 버티며 사는 인구의 비율이 2030년에 어떻게 될지 보세요. 이게 진짜라고요, 정말요? <수사적 질문> 이 감소세가 지속된다면, 와, <감탄사> 0%대가 됩니다"

보노는 통계 자료를 제시하면서 극심한 빈곤과의 전쟁에서 이룬 성과를 보여주었다. 첫 번째 통계를 보면 5세 미만 아동의 사망률이 일별로 7,256명까지 줄어들었다.

"어디 가서 이 정도로 중요한 수치를 보신 적 있습니까? <수사적 질문> … 사람들이 이걸 모른다는 게 너무 안타까울 따름입니다. <감정 표현>" [25]

---

9 실제로 대답을 전제로 하는 것이 아니라 수사학적 효과를 위해 사용하는 의문문이다. 이미 답을 가정하고 청자가 참여하도록 유도하는 효과가 있다.

> **"크기가 아주 작은
> 개체의 반응 방식은 파도 같지도,
> 미립자 같지도, 구름 같지도,
> 당구공 같지도,
> 용수철에 걸린 추 같지도 않다.
> 우리가 알지 못하는 완전히
> 새로운 방식이다."**

리처드 파인만[10]

---

10 양자 전기역학으로 노벨상을 받은 이론 물리학자다.

10

데이터 의인화하기

데이터 세계의 영웅과 악당

조직에서 다루는 데이터는 대부분 인간과 관련되어 있으며, 인간에 의해서 생성된다. 상품을 사고팔고, 링크를 클릭하고, 장비를 착용하고, 건강 검진을 받고, 집을 파는 등의 다양한 활동이 데이터를 생성한다.

데이터를 생성하는 주체에 감정을 이입하면 그들과 조금 더 원활하게 소통할 수 있다. 그들이 우리가 만드는 데이터 스토리의 등장인물이라고 생각하자. 그들은 조직의 목표 달성을 돕는 영웅일 수도, 반대로 방해하는 악당일 수도 있다.

영웅

악당

데이터를 원하는 방향으로 이끄는 역할

이야기 속 영웅은 보통 이루고자 하는 목표나 바람을 가지고 있다.
그 목표나 바람을 이해하면 영웅이 원하는 바를 이룰 수 있도록
도울 수 있다. 다음과 같은 고객, 사용자, 직원, 협력사, 기부자, 투표자,
환자 등이 영웅이 될 수 있다.

목표 달성을 방해하거나 문제를 만드는 역할

악당은 영웅을 방해하거나, 영웅과 대립되는 목표를 가지고 있으므로
영웅은 목표 달성을 위해서 악당을 저지할 수밖에 없다. 악당을 가만히 둔다면
장애물을 만들어서 영웅을 끊임없이 위협할 것이다.
다음과 같은 경쟁사, 매체, 활동가, 투자자, 사고방식 등이 악당이 될 수 있다.

우 리   주 변 에 서   볼   수   있 는   영 웅   우 리   주 변 에 서   볼   수   있 는   악 당

실적이 뛰어난 직원	>	비효율적인 처리 과정이나 관료주의
비영리 기관에 기부하는 인심 좋은 후원자	>	세법 개정
신제품 얼리어답터	>	앙심을 품은 인플루언서나 언론인
할당량 초과 달성	>	영리한 경쟁사의 출현
웹사이트 사용자	>	사용자 경험(UX)의 문제점

데이터 속 악당 파악하기

악당을 파악하려면 먼저 영웅이 겪는 갈등을 이해해야 한다.
이를 위해 설화, 이야기, 영화에 나오는 갈등을 유형화해서 살펴보자.

데이터 속 5가지 갈등 유형

갈등 유형	유명 영화	정의
영웅 vs. 자아	<록키>, <쇼생크 탈출>	주인공 자신의 약점, 의구심, 선입견과 대립한다.
영웅 vs. 사람	<배트맨>, <다빈치 코드>	다른 등장인물과 대립한다.
영웅 vs. 사회	<헝거게임>, <베테랑>	자신의 가치에 어긋나는 사회 집단의 믿음, 행위와 대립한다.
영웅 vs. 기술	<매트릭스>, <터미네이터>	부정적 영향을 미치는 기술이나 시스템과 대립한다.
영웅 vs. 자연	<죠스>, <해운대>	자연 관련 문제와 대립한다.

악당

두려움, 도덕성(탐욕, 긍지), 가치, 자아상,
사고방식, 편견, 자기 관리 등

소비자, 사용자, 투자자, 규제 기관,
권위자, 분석가, 활동가, 정치가, 범죄자 등

기관, 경쟁사, 시장, 팀, 주주, 뉴스,
전통, 규제, 문화적 규범, 경영 등

기술, 시스템, 과정, 컴퓨터 바이러스 등

질병, 자연재해, 괴물 등

데이터 속 영웅은 사람, 집단, 사고방식, 두려움, 관료주의, 기술, 편견, 질병 등 다양한 걸림돌과 대립한다.

적절한 소통 방식으로 영웅들을 불러모을 수만 있다면 데이터를 원치 않는 방향으로 이끄는 악당을 물리칠 수 있다.

데이터 속 갈등 해결하기

데이터는 단순한 숫자의 집합이 아니다. 각각의 핵심 데이터를 통해 데이터와 연관된 사람들을 이해할 수 있으며, 그들이 겪고 있는 갈등 상황을 통찰할 수 있다. 때로는 악당의 존재가 명확하지 않을 수도 있다.
앞쪽에서 살펴본 다섯 가지 갈등 유형을 활용해서 데이터 속 영웅과 소통하는 방법을 알아보자.

오른쪽 차트를 보면 성장세가 둔화한 사실을 알 수 있다. 그 이유는 무엇일까? 이 차트에서 성장세를 이끄는 '영웅'은 '소비자'다. 그렇다면 그를 가로막는 '악당'도 어딘가 있을 것이다. 소비자와 대화를 나눠 그들을 방해하는 '악당'의 '갈등'을 알아보고, 그들이 과감하게 그 갈등을 극복할 수 있도록 적절한 조치를 취해야 한다. 다음 쪽에는 영웅과 소통할 때 참고할만한 시나리오를 소개한다.

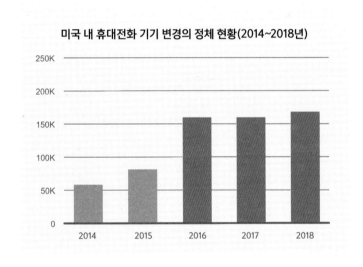

미국 내 휴대전화 기기 변경의 정체 현황(2014~2018년)

시나리오:

소비자가 신형 휴대전화를 사지 않는다

이 시나리오에서 영웅은 소비자이며 우리의 목표는 그들이 신형 휴대전화를 사도록 하는 것이다. 휴대전화 구매를 막는 악당을 찾아내서 문제의 본질을 파악하고, 걸림돌을 해결해보자. 편의상 소비자의 이름을 '지민'이라고 하겠다.

영웅	악당	갈등 유형
지민은 새 휴대전화를 살까말까 고민 중이다.	지민이 이용하는 통신사에는 그가 원하는 기종이 없다.	지민 vs. 기업
	예약 방식 및 절차가 불편하다.	지민 vs. 기술
	지민은 새 기종을 지금 사야하는지 잘 모르겠다.	지민 vs. 자신

지민은 휴대폰을 새로 살지 말지 결정하려고 한다.
세 가지 갈등 요인을 놓고 고민 중이므로 지민이 새 휴대폰을 사게 하려면 다각도로 접근해야 한다.

시나리오:

매출이 감소했다

자사의 절차, 제품, 서비스가 데이터 속 악당이 되기도 한다. 여러분도 자신이 속한 조직을 상대로 싸우고 있다는 기분을 한 번쯤 느껴봤을 것이다. 다음은 내부에서 일어나는 문제로 매출이 감소한 사례다. 걸림돌을 해결해보자.

영웅	악당	갈등 유형
영업부는 최선을 다해 열심히 일하고 있다.	영업부 관리자는 직원들의 노력을 인정하지 않는다.	부서 vs. 회사
	가격 정책이 바뀌면서 거래의 38%가 무산됐다.	부서 vs. 시스템
	새로 부임한 영업부 책임자가 동료 평가에서 가장 낮은 점수를 받았다.	부서 vs. 사람

저조한 매출을 정확하게 설명하려면 마케팅 활동 내역을 살펴봐야 하지만 위의 경우는 영업부 관리 방식이 데이터 속 악당이라고 할 수 있다.

갈등을 파악하면 영웅을 위해 어떤 걸림돌을 치워야 하는지 확실하게 보인다.
간단한 조정만으로 갈등이 해소되는 경우도 있고, 회사 전체가 엄청난 노력을 기울여야 하는 경우도 있다.

등장인물과 대화하기

데이터는 과거에 발생한 일을 보여줄 뿐, 영웅이 그런 데이터를 만드는 이유와 악당이 영웅을 방해하는 이유를 알려주지 않는다. 그 이유를 알려면 우리가 데이터 속 영웅이나 악당에게 직접 말을 거는 수밖에 없다.

- 온라인 결제 직전에 장바구니에 담았던 물건을 삭제하는 소비자가 늘어나고 있다. 왜 그럴까?
- 사용자들의 원성이 잦다. 왜 그럴까?
- 수익이 줄었다. 왜 그럴까?
- 직원 이직률이 높아졌다. 왜 그럴까?
- 고객이 돌아오지 않는다. 왜 그럴까?

오른쪽 차트는 매출 감소를 보여준다. 매출 감소 원인을 찾아내지 못한다면 개선 방법 또한 찾을 수 없다. 판촉 행사가 부족하거나 가격이 비쌀 수도 있지만, 어쩌면 경영자에게는 알랑거리고 뒤에서는 부서원들의 피를 빨아먹는 영업부장이 문제일 수도 있다.

영웅에게 길을 열어 주기 위해서는 갈등의 근본 원인을 파악해야 한다. 관련 자료를 읽고, 설문을 돌리고, 전문가를 고용해서 어떤 걸림돌이 있는지 알아내야 한다. 소비자의 의견을 들을 수 있는 방법은 무엇이든 활용한다. 실제 영웅의 입장을 이해하기 위해 가능하면 많은 자료를 수집한다. 이런 방법을 통해 문제가 확산되기 전에 미리 조치를 취할 수 있다. **지나가다 무심코 본 댓글이 문제 해결의 실마리나 기회의 신호탄이 되기도 한다.**

대화는 영웅을 진정으로 이해하고 그들이 겪는 문제를 파악할 때 활용할 수 있는 가장 좋은 수단이다. 데이터 속 영웅을 무작위로 뽑아서 그들의 걱정과 의견 그리고 동기가 무엇인지 물어보면 정량 데이터만으로는 알아낼 수 없는 악당을 찾아낼 수 있다.

"예", "아니오"의 단답형 대답이 나오지 않도록 열린 질문[11]을 하고 경청한다. "가격 때문에 구매를 망설이시나요?"라고 묻는 대신 "왜 구매를 망설이시나요?"라고 묻는다.

가끔은 역질문을 요청해서 대화의 흐름을 바꾼다.

질문은 우리가 미처 예상하지 못한 그들의 속마음을 알아낼 때 활용할 수 있는 강력한 수단이다. 사람들은 누군가 자신에게 관심을 준다고 느낄 때 마음을 열기 때문이다.

영웅과 악당을 깊게 이해하면 사람들이 쉽게 공감하고 의미를 찾을 수 있는 방식으로 제안을 전달할 수 있다.

데이터를 분석해주는 최신 소프트웨어에만 의존해서는 안 된다. 왜냐하면 그런 소프트웨어는 데이터 속에 숨어있는 개인이 품은 욕구, 지향점, 고민거리 등을 모두 찾아내지 못하기 때문이다.

원하는 결과가 나오도록 영웅을 움직이려면 데이터에 담긴 개인의 이야기를 알아야 한다.

---

11 "예", "아니오"로만 답변할 수 있는 닫힌 질문과 반대되는 개념으로 질문을 통해 다른 사람의 개인적인 생각을 자유롭게 끌어낼 때 자주 사용된다.

데이터에 의미 부여하기

우리는 추상적인 데이터에 의미를 부여하면서 개인의 삶 속 한 장면을 만들어낸다. 다시 말해 데이터를 통해 작은 이야기를 지어낸다. 잘 만들어진 이야기는 사람들의 가슴 속에 깊은 인상을 남긴다.

중요한 데이터에 의미를 부여하면 강렬한 인상을 남길 수 있다.

저자의 회사에서는 데이터 스토리 워크숍을 주기적으로 진행한다. 본격적인 워크숍을 진행하기에 앞서 강사들은 참가자 절반에게 특별한 의미가 있는 숫자를 하나씩 말해달라고 요청한다. 그러면 대부분은 요청한 대로 7, 22, 57, 92, 1959 같이 숫자로만 대답한다. 나머지 절반에게는 숫자를 하나씩 언급하고 이유도 함께 알려달라고 한다. 그들의 대답은 대부분 이런 식이다.

"3입니다. 우리 가족 중 3명이 생일이 같거든요."
"48은 저의 주당 평균 근로 시간입니다."
"7만 2,000달러는 저의 대출금 액수입니다."
"9는 제가 마법을 부리는 공주라고 생각했을 때의 나이입니다."

워크숍이 끝날 무렵 우리는 전체 참가자들에게 기억에 남는 숫자가 있는지 물어본다. 그러면 대부분은 개인적 의미가 담긴 숫자를 기억해낸다. 그렇지 않은 숫자는 쉽게 잊혔다.

맥락이 의미를 만든다

아래 차트는 부모님과 함께 사는 청년의 비율을 보여준다. 이 비율은 청년이 처한 상황에 따라 긍정적이거나 부정적으로 해석할 수 있다.

언론에서는 요즘 청년이 노력을 하지 않는다는 가정하에 이런 추세를 부정적으로 해석해왔다. 하지만 소형 아파트 임대료가 급등해서 청년의 월급을 고스란히 임대료로 내야 하는 상황이라면 그 해석은 달라진다.

임대료가 비싼 상황이라서 부모님과 함께 살면서 저축도 하고 학자금 대출도 상환하는 방식을 선택했을 수도 있고, 아니면 스타트업을 창업한 상황에서 지출을 조금이라도 아끼기 위해 그런 선택을 했을 수도 있다. 이처럼 데이터 속 '영웅(청년)'의 삶을 생각해보면 그들을 가로막는 '악당(임대료)'과 그 갈등이 명확히 밝혀진다.

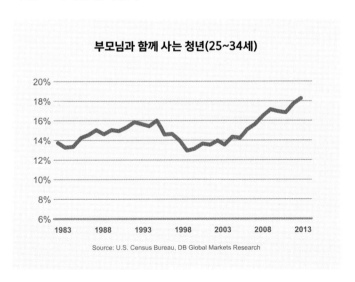

부모님과 함께 사는 청년(25~34세)

Source: U.S. Census Bureau, DB Global Markets Research

| 사례연구 | "데이터로 생명을 구하다"

로잘린드 피카드 교수는 '스마트 시계로 수집한 데이터를 활용해 발작 시점을 예측한다'는 주제로 TEDx에서 강연을 했다.

피카드는 MIT 미디어예술과학media arts and science과 교수다. 또한 MIT 미디어랩 감성 컴퓨팅 리서치 그룹Affective Computing Research Group의 설립자이자 소장이며 어펙티바 Affectiva와 엠파티카Empatica라는 스타트업의 공동 설립자이기도 하다.

피카드는 간질 발작의 징후를 감지해서 가까이에 있는 보호자에게 알려주는 스마트 시계 개발에 참여했다.

피카드의 TED x 비컨스트리BeaconStreet강연 <발작을 감지하는 AI 스마트 시계An AI Smartwatch that Detects Seizures>는 TED.com에서 시청할 수 있다.[12]

이 친구는 헨리입니다. 귀여운 소년이죠. 헨리가 세 살 때였습니다. 헨리의 어머니는 자신의 아들에게 열성 발작이 있다는 사실을 발견했습니다. 진료를 한 의사는 "열이 날 때만 증상이 생기는 열성 발작인데 증상이 자연스럽게 없어지는 경우가 많으니 너무 걱정하지 않아도 된다"라고 말했습니다. 그러나 헨리가 네 살이 되던 해, 한밤중에 갑작스럽게 발작을 일으켰고 헨리의 어머니는 싸늘하게 식어버린 아들의 주검을 발견했습니다. 헨리의 간질 진단서가 병원에서 집으로 배송되던 어느 날 아침의 일이었습니다.

헨리는 돌발성 간질에 의한 급사SUDEP를 당했습니다. 돌발성 간질에 의한 급사라는 말을 들어보신 분이 얼마나 계신가요? <몇 명만 손을 들었다> 이 자리에 계신 분들의 학력이 굉장히 높은 것으로 알고 있는데 손을 든 분은 얼마 안 계시네요. 돌발성 간질에 의한 급사란 간질 증상이 있긴 해도 건강하게 지내던 사람이 어느 날 갑자기 목숨을 잃고 어떤 사인도 찾을 수 없는 죽음을 말합니다. 지금도 7~9분에 한 명씩 돌발성 간질에 의한 급사로 목숨을 잃고 있습니다. **지금 이 강연 중에도 평균 두 명이 세상을 떠났을 것입니다.**

◉ 규모로 보여주기
피카드 교수는 익숙한 시간(TED 강연 하나의 길이)을 비교 대상으로 삼아서 사망자 수의 규모를 이해하기 쉽게 표현했다.

---

12 기술(Technology), 엔터테인먼트(Entertainment), 디자인(Design)을 의미하는 TED는 전세계적으로 유명한 강연의 형식이다. TED는 미국뿐만 아니라 유럽, 아시아 등에서도 개최하고 있으며 TEDx란 형식으로 각 지역에서 약 20분 정도의 독자적인 강연회를 개최하기도 한다.

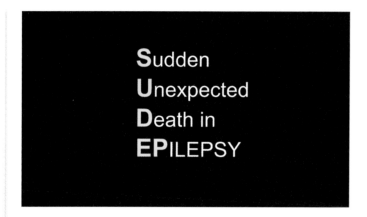

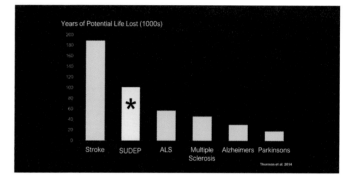

미국에서는 매년 유아 돌연사 증후군보다 돌발성 간질에 의한 급사로 인한 사망자가 더 많습니다. 자, 유아 돌연사 증후군에 대해 들어본 분은 얼마나 계신가요? 이번에는 거의 모든 분이 손을 들었군요.

🔺 수량 비교
그녀는 청중에게 직접 손을 들게 해서 돌발성 간질에 의한 급사를 아는 사람과 유아 돌연사 증후군을 아는 사람이 몇 명씩 있는지 시각적으로 비교할 기회를 주었다.

자, 대체 어떻게 된 일일까요? 돌발성 간질에 의한 급사는 유아 돌연사 증후군보다 훨씬 흔한데도 왜 아는 사람이 별로 없을까요? 그리고 이를 예방하기 위해 우리는 무엇을 할 수 있을까요?

여러분 중 대다수는 돌발성 간질에 의한 급사에 대해서 들어본 적이 없을 겁니다. **하지만 돌발성 간질에 의한 급사는 모든 신경 관련 질환 중 잠재수명손실연수**[YPLL]**13가 두 번째로 큰 질환입니다.**

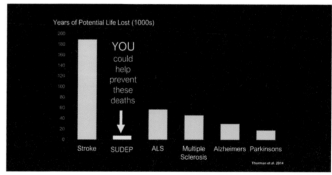

세로축은 사망자 수에 남은 수명을 곱한 수치로 막대가 높이 올라갈수록 잠재수명손실연수가 커집니다.

하지만 돌발성 간질에 의한 급사는 다른 사인과 다르게 바로 여기 있는 여러분의 노력으로 솟아있는 막대를 억누를 수 있습니다.

🔺 영웅 만나기
여러분은 간질과 싸운 소년 헨리가 이 이야기의 영웅이라고 생각했을지도 모른다. 실제로 헨리는 용감한 소년이었다. 그러나 피카드 교수는 자신의 이야기에서 청중을 영웅으로 만들었다. 청중이야말로 돌발성 간질에 의한 급사로부터 소중한 생명을 지킬 수 있기 때문이다.

---

13 조기 사망한 사람이 아직 살아있다고 가정할 때, 그가 살았을 평균 연도를 추정한 수치다.

◉ 이 밴드는 수작업으로 만든 것이며,
피부 전도성 센서가 안에 들어있다.

▲ 데이터를 활용한 스토리텔링
피카드 교수는 데이터 속 악당에 대해 이야기한다.

학기말의 어느 날, 어떤 학생 한 명이 저의 연구실에 찾아와서 말했습니다. "피카드 교수님, 손목 밴드 센서 하나만 빌릴 수 있을까요? 제 동생이 자폐증이 있어 말을 하지 않는데, 얘가 어떤 스트레스를 받고 있는지 알고 싶거든요."

저는 "당연히 빌려 가도 되지. 하나만 가져가지 말고 두 개 가져가렴"이라고 말했습니다. 당시에는 센서가 그렇게 튼튼하진 않았습니다.

그리고 저는 노트북에 기록된 손목 밴드 센서 데이터를 살펴보았습니다. 첫날부터 이상했습니다. 하나가 망가지지도 않았는데 양쪽 손목에 모두 밴드를 채웠더라고요. 속으로 저는 '내가 시키는 대로 할 필요는 없지'라고 생각했고 결과적으로는 시키는 대로 하지 않은 게 잘된 일이었습니다.

며칠 뒤 데이터를 다시 확인해보니 한쪽 손목에는 별다른 신호가 없는데 다른 쪽에서는 지금까지 본 적 없는 강한 신호가 나타났습니다. '이게 다 무슨 일이지? 실험 중에 온갖 수단을 동원해서 사람들에게 스트레스를 줘봤지만 이 정도로 큰 신호는 본 적 없는데.' 참으로 이상하다고 생각했습니다. 어떻게 몸 한쪽은 괜찮은데 다른 한쪽만 큰 스트레스를 받을 수 있을까요? 도저히 이해가 되지 않아서 센서가 고장 났다고 생각했습니다. 오류를 수정하려고 이것저것 시도해봤지만 전부 헛수고였습니다.

그래서 옛날 방식으로 문제를 해결해 보기로 결심했습니다. 방학을 맞이해 집에 가 있는 그 학생에게 전화를 건 거죠. "안녕? 동생은 좀 어때? 크리스마스는 잘 보냈어? 동생에게 무슨 일이 있는 건 아니지?"

⬆ 데이터 의인화하기
　수치를 좌우하는 등장인물과 대화를 나눈다.

그리고 제가 이상 현상이 나타난 시점이 정확히 언제였는지 그 학생에게 말해주었습니다. "글쎄요, 일기장을 한 번 볼게요." 그리고는 이내 그 학생이 돌아와서 말하더군요.

"그땐 동생이 엄청난 발작을 일으키기 직전이었어요."

당시의 저는 간질에 대해 아는 바가 별로 없었던터라 간질에 대해서 따로 조사를 해봤습니다. 그러던 중 우연히 다른 학생의 아버지가 보스턴 아동 병원의 신경외과장으로 있다는 사실을 알게 되었습니다. 용기를 내서 아버님인 조 마드센 박사님께 전화를 걸었죠.

"안녕하세요, 마드센 박사님. 간질에 의한 발작이 있기 20분 전에 교감 신경계(피부 전도를 일으키는 부분)가 크게 흥분하는 것이 가능한가요?"

박사님은 아마 아닐 거라 말하면서도 이렇게 덧붙였습니다. "흥미롭네요. 그런데 발작이 있기 20분 전에 한쪽 팔에서 털이 바짝 서는 환자를 본 적은 있습니다."

저는 물었죠. "한쪽 팔이라고요?" 사실 처음에는 그 얘기를 꺼내고 싶지 않았어요. 너무 이상한 얘기 같았거든요.

저는 박사님께 데이터를 보여드렸습니다. 그리고 우리는 손목 밴드 측정기를 몇 대 더 만들고 안전 인증까지 받았습니다. 그 장비를 바탕으로 관련 증세를 가진 90명의 아이들을 대상으로 하루도 빠지지 않고 24시간 관찰하며 연구했습니다.

제가 이 연구를 진행하면서 돌발성 간질에 의한 급사에 대해 배운 사실이 있습니다. 돌발성 간질에 의한 급사가 발생하는 시점은 발작을 하는 동안이나 그 직후가 아니라는 사실입니다. 오히려 사람이 아주 조용하고 평온해 보일 때, 호흡이 멈추고 숨이 멈춘 다음에 심장이 멈춥니다.

다음 슬라이드를 보시면 제 피부 전도 반응을 높여준 이야기가 나옵니다. **어느 날 아침에 저는 한 아이의 어머니에게서 이메일을 받았습니다.** 어머님은 휴대폰을 선반에 놓고 샤워를 하고 있었는데 딸에게 도움이 필요하다는 알람이 왔다고 합니다. 그래서 샤워를 멈추고 곧장 딸의 방으로 갔더니 딸이 침대에 엎드려 있었다고 합니다. 얼굴이 파래진 채로 숨은 쉬지 않았습니다. 그래서 어머님이 몸을 뒤집어 자극을 주었더니 딸이 다시 숨을 쉬기 시작했고 혈색도 돌아왔다고 합니다.

⊙ 데이터를 활용한 스토리텔링
    다음은 어떻게 데이터가 결과를 바꿀 수 있었는지에 대한 이야기다.

오늘 아침에 샤워하는 중에
핸드폰 메시지를 받았어요.
그래서 딸의 방으로 뛰어갔는데
아이 얼굴이 파래진 채
숨을 쉬지 않더라고요.

그래서 아이의 몸을 뒤집어
자극을 주었더니 아이가
다시 숨을 쉬기 시작했고
혈색도 돌아왔습니다.

저는 이 이메일을 읽으면서 머리가 하얗게 세는 기분이었습니다. 제 첫 답장은 이랬습니다. '다행입니다. 그런데 이 장비는 아직 완벽하지 않아요. 블루투스가 고장 날 수도 있고 건전지가 닳을 수도 있고요. 잘못될 수 있는 여지가 너무 많아요. 이 장비에만 의존하시면 안 돼요.'

그런데 어머님은 말씀하셨습니다. '괜찮아요. 완벽한 기술이 없다는 거야 저도 알죠. 그래도 딸 아이 옆에 늘 붙어있을 수만은 없는데 이 인공지능 장비 덕분에 우리 딸 아이의 목숨을 구했잖아요.'

왜 이렇게까지 고생해서 인공지능 장비를 개발해야 할까요? 여기 몇 가지 이유가 있습니다. 첫 번째 이유는 나타샤입니다. 방금 전 일화에서 목숨을 건진 소녀의 이름입니다. 이 소녀의 가족은 제가 여러분에게 나타샤라는 이름을 알려주길 바랐습니다.

또 다른 이유는 나타샤의 가족 그리고 여러분입니다. 우리에게는 인공지능의 미래를 직접 만들어 갈 기회가 있으며 우리가 실제로 그 미래를 바꿀 수 있기 때문입니다.

그러니 우리 모두의 삶을 개선해주는 인공지능을 다 같이 만듭시다.

🔺 영웅 만나기

나타샤의 어머니는 알람을 받고 아이에게 달려가 적절한 조치를 취한 덕분에 아이의 목숨을 살렸다. 피카드 교수는 청중 역시 나타샤 어머니처럼 생명을 지킬 수 있음을 알아주기를 바랐다. 이 이야기에서 악당은 돌발성 간질에 의한 급사, 영웅은 바로 청중이다.

"개개인의 발전 없이는 세상의 발전도 없다. 각자 수양하고, 인류를 위한 책임을 다하고, 자신이 가장 쓸모있는 곳을 찾아 기여해야 한다."

마리 퀴리

CHAPTER

11

데이터를 활용한
스토리텔링

시간차로 데이터 제시하기

다른 사람에게 무엇을 해야 하는지 알려주었다면,
이제는 해낼 수 있다고 믿고 행동에 나서도록 동기를 부여할 차례다.

제안이 받아들여졌다면 그 제안을 실행할 사람이 필요하다. 그 사람은 같은 부서 동료나 경영진 또는 제안을 들은 그 밖의 모든 이가 될 수도 있다. 부서원이나 소비자, 주주, 그리고 회사 전체를 대상으로 설득하기 위해서는 보통 그들 앞에서 정식 발표를 한다.

무대에 서서 여러 기술과 스토리텔링을 활용해 발표를 역동적으로 구성하고, 극적인 방식으로 견해를 표현할 수 있다. 흥미진진한 요소를 몇 가지 곁들인 이야기를 들려주면 데이터 스토리에 생동감이 더해진다. 초반에 일부러 핵심 메시지 일부를 숨기는 전략을 구사하면 청중에게 커다란 반전도 선사할 수 있다.

우리 부서가 열심히 일한 성과를 발표하는 자리가 있다고 가정하자. 이때 차트의 막대를 한 번에 하나씩만 보여주면 긴장감을 자아낼 수 있다. 부서원들이 아직 최종 결과를 모른다면 그전까지 얼마나 상태가 나빴었는지를 보여주고 그 상황 속에서 그들이 얼마나 열심히 노력했는지를 보여준다. 그리고 마지막 순간에 긍정적인 성과를 보여준다. 그 성과를 본 부서원들은 더 큰 기쁨을 느낄 것이다.

알프레드 히치콕이 설명하는 놀람과 긴장의 차이

'놀람*surprise*'과 '긴장*suspense*'은 확연히 다르지만, 이 둘을 헷갈려 하는 영화가 많다. 무슨 말인지 설명하자면 이렇다.

우리는 지금 평범한 일상적인 대화를 나누고 있다. 우리가 있는 탁자 밑에 폭탄이 하나 있다고 가정해보자. 아무 일도 없다가 난데없이 '쾅!' 폭발이 일어난다. 관객은 깜짝 놀랐지만, 이렇게 놀라기 전까지는 특별할 것이 전혀 없는 평범한 장면이었다.

이번에는 긴장감이 흐르는 상황을 생각해보자. 폭탄이 탁자 밑에 있고, 관중도 그 사실을 안다. 무정부주의자가 폭탄을 설치하는 장면을 미리 봤기 때문이다. 관객은 폭탄이 1시 정각에 터진다는 것을 알고 있다. 걸려있는 시계를 통해 관객은 1시까지 15분밖에 남지 않았다는 사실을 안다. 이 상황에서는 평범한 대화도 흥미로워진다. 관객이 장면에 참여하고 있기 때문이다.

관객은 등장인물에게 경고를 하고 싶어 안달이 난다. '그렇게 시답잖은 얘기나 하고 있을 때가 아니라고. 지금 당신 밑에 있는 폭탄이 터지기 일보직전이라고!'

첫 번째 경우, 우리는 관객에게 15초간 놀람을 주었다. 두 번째 경우, 15분간 긴장을 주었다. 결론을 말하자면 되도록 관객에게 미리 알려줘야 한다. 단, 예외적으로 놀람에 반전이 있는 경우, 예상 밖의 결말 그 자체가 이야기의 하이라이트가 된다.

–알프레드 히치콕

숨은 데이터 드러내기

놀람은 예상치 못한 어떤 일이 갑자기 벌어질 때 느끼는 감정이다.

- 데이터에 맥락 곁들이기
- 데이터를 가까이서 또 멀리서 보기

데이터로 이야기 만들기

긴장은 이야기의 결말을 예상할 수 없을 때 기대감이다.

- 배드엔딩 데이터
- 해피엔딩 데이터

숨은 데이터 드러내기

이야기를 듣고 깜짝 놀란 경험이 다들 한 번쯤은 있을 것이다.
이야기 속 등장인물에 감정이입해서 숨이 턱 막히기도 하고, 무서워서 닭살이 돋기도 한다.
시간의 흐름에 따라 변화하는 데이터도 청중에게 이와 비슷한 반응을 이끌어낼 수 있다.

부정적인 놀람은 충격을 주고 긍정적인 놀람은 감탄을 자아낸다. 청중을 놀라게 하는 방법은 다음과 같이 두 가지가 있다.

- **데이터에 맥락 곁들이기**: 데이터에 전혀 다른 의미를 부여하는 추가 정보를 제시한다.

- **데이터를 가까이서 또 멀리서 보기**: 차트에서 뜻밖의 결과를 보여주는 숨은 요소를 제시한다.

긍정적인 놀람은 즐거운 일이지만, 부정적인 놀람은 분노를 자아낼 수 있다. 분노가 나쁘게 보이지만 사람들의 행동을 유도할 때 분노만큼 큰 힘을 발휘하는 것도 없다. 특히 사람들이 스스로 변화를 일으킬 힘이 있다고 확신할 때 그 분노의 힘은 더욱 강해진다.

데이터에 맥락 곁들이기

아래 차트를 보면 미국에서 인공지능 기술을 필요로 하는 일자리가 급증했다는 결론을 내릴 수 있다.[26]

아래 차트에는 다른 나라의 데이터를 맥락으로 곁들였다. 처음에는 미국 차트만 보여주고 이어서 다른 나라의 데이터를 추가로 보여주면 미국에서의 점유율이 상대적으로 낮다는 사실을 새롭게 알 수 있다.

Source: Indeed.com

Source: Indeed.com

🔺 새 데이터를 표시하기 위해 y축 눈금을 세 배 정도 늘렸다.

데이터를 가까이서 또 멀리서 보기

오른쪽을 보면 두 개의 슬라이드가 있다. 아래쪽 슬라이드에는 y축의 일부분만 표시되어 있는데, 이를 청중에게 먼저 보여주자. 그리고 프레젠테이션 소프트웨어의 전환 효과 중 밀어내기[14] 기능을 통해 파란색 막대가 점점 길어지게 한다. 연두색으로 쓴 내용 중 ①을 먼저 읽고, 차트의 나머지 부분을 조금씩 드러내면서 ②와 ③을 읽는다.

① **빨간색 막대만 보인다.**
"흔히 미국의 부채 문제는 과도한 소비에서 온다고 생각하죠. 사실은 그렇지 않습니다. 지난 30년간 가계소비는 크게 줄었습니다. 물가 상승률을 조정하고 보면 오히려 전 세대에 비해 외식을 비롯한 식료품, 의류, 가구, 가전에 소비하는 비용이 줄었다는 사실을 알 수 있습니다. 이 수치들은 꽤 결정적이죠. 데이터에 따르면 현재 미국의 가계소비는 굉장히 절제되고 있다는 겁니다."

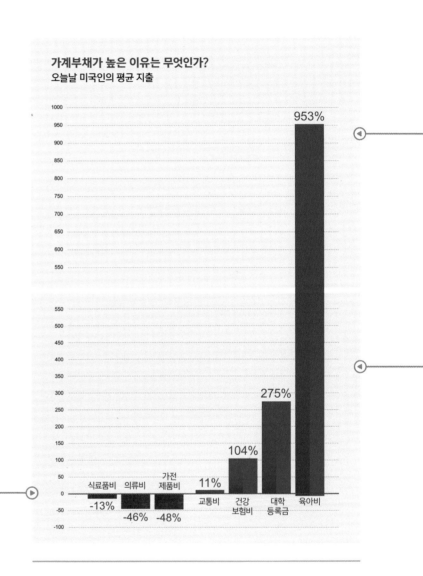

가계부채가 높은 이유는 무엇인가?
오늘날 미국인의 평균 지출

TIP ▶ 이 슬라이드의 애니메이션 효과는 duarte.com/datastory에서 받을 수 있다.

---

14 밀어내기는 일반적으로 프레젠테이션 소프트웨어의 '전환' 탭에서 찾아 볼 수 있으며, 슬라이드 전환 시 지정한 방향으로 다음 슬라이드가 이전 슬라이드를 밀어내면서 화면이 전환되는 기능이다.

③ **처음 슬라이드의 높이를 벗어난 축이 더
드러나면서 슬라이드가 길어진다.**
"와, 이것 보세요. <청중 탄식> 가계부채가 늘어나는
건 놀랄 일도 아니었습니다."

② **클릭하면 파란 막대가 나온다.**
"하지만 보세요, 여기에 다른 큰 요인이 숨어 있습니다.
새롭게 조정된 막대한 지출 현황을 보세요. 가히 충격적인
수준입니다. 오늘날 가계소비는 주택담보대출 상환에 57%
가 더 지출되고 있으며(전부 물가 상승률에 맞춰 조절한
현황입니다), 건강보험에 104%가 더 지출되고 있습니다. 대학
등록금은 국·공립마저도 엄청나게 비쌉니다. 요즘 아이들에게
들어가는 교육비는 1970년대에 비해 세배 가까이 늘었고요
(육아 비용 막대가 높아지기 시작한다). 어린 자녀가 있는
부모들의 노동 시간이 늘어나고, 육아비는 부담이 됩니다. 자,
여기 무슨 일이 벌어졌는지 보이시나요?"

| 사례연구 | "데이터의 극대화를 위해 도구를 사용하다"

데이터가 잔뜩 실린 슬라이드쇼로 된 영화가 아카데미상을 받으리라고 누가 상상했을까? 다큐멘터리 <불편한 진실>은 폭이 27미터 정도 되는 맞춤 제작 디지털 스크린[27]을 활용해 파격적으로 데이터를 공개했다. 미국의 전 부통령 앨 고어Al Gore는 남부 캘리포니아에 있는 작은 스튜디오에서 놀라운 사실을 발표하며 관객을 충격에 빠뜨렸다.

메인 스크린이 어찌나 큰지 미래의 대기 중 이산화탄소 분포를 예측하는 빨간색 선이 치솟는 장면에서 앨 고어는 가위형 리프트를 타고 올라가야 했다. 선이 높이 올라가다가 노란색 점이 나타나면 관객은 상승이 끝났다는 사실을 알 수 있었다. 하지만 제작진은 27미터나 되는 스크린 위에 또 다른 스크린이 있다는 사실을 아직 관객들에게 알리지 않았다. 이 스크린은 커튼 뒤에 숨겨져 있었다. 고어가 리프트를 타고 계속 올라가니, 가려졌던 스크린이 하나 더 등장했다. 선은 끝없이 치솟으면서 2056년까지 이어지는 충격적인 이산화탄소 증가량을 보여주었다. 관객은 탄성을 내질렀다.

우리는 이것을 S.T.A.R.의 순간이라고 부른다. 이때 S.T.A.R.는 영어로 Something They'll Always Remember, 즉 '언제까지나 기억할 무언가'를 뜻한다. 이 순간은 아름답거나 특별해야 하며 반드시 발표의 전반적인 분위기와 어울려야 한다. 놀라운 데이터를 강조하고 싶다면 청중의 집중력을 흐트러뜨리는 연출을 해서는 안 된다.

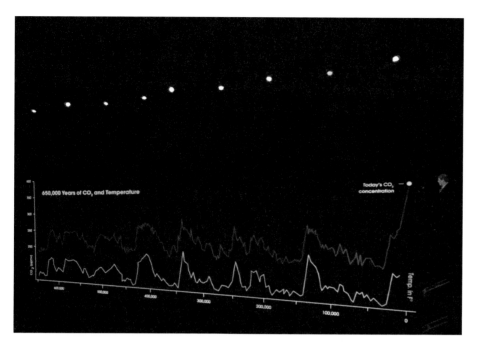

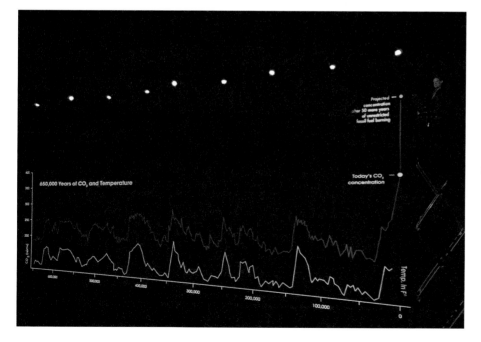

앨 고어는 가위형 리프트에 타는 연출을 함으로써 숫자가 얼마나 높이 올라가는지를 보여주었다.

앨 고어가 탄 리프트가 올라가면서 더욱 높은 수치까지 보여주자 관객은 탄성을 내질렀다.

| 사례연구 | "감정 곡선으로 이야기를 만들다"

커트 보니것^{Kurt Vonnegut}은 미국 소설가다. 대표작으로는 1969년에 발표한 소설 『제5도살장』이 있다. 그는 컴퓨터가 왜 단순한 이야기 형태^{shape of stories}를 처리하지 못하는지 궁금해했다. 오른쪽 차트는 그가 강의 중 칠판에 그린 그림이다.

단순한 이야기 형태를 컴퓨터에 입력하지 못할 이유는 없습니다. 아름다운 형태들이죠.

이것은 행운-불운 축입니다. 질병과 가난은 아래로 가고, 부와 활기는 위로 갑니다. 여기는 딱 중간 지점입니다. 이번에는 시작-끝 축을 봅시다. 이제 상대성이 발동합니다. 중요한 건 곡선의 출발점이 아닌 형태입니다.

보통보다 살짝 위에서 시작하는 이 이야기를 '구덩이에 빠진 남자'라고 합시다. 하지만 꼭 남자일 필요는 없으며, 꼭 구덩이에 빠질 필요도 없습니다. 그저 기억하기 좋으니까 이렇게 설정한 것뿐입니다. 아무튼 누군가 문제에 휘말리고 거기서 벗어납니다. 사람들은 이런 이야기를 좋아하죠. 절대 질리지 않기 때문입니다.

구덩이에 빠진 남자

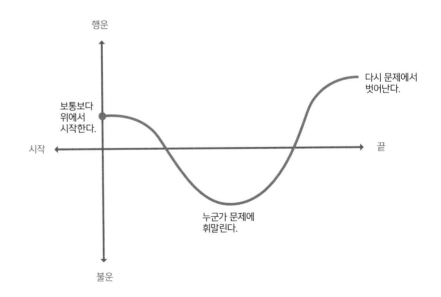

또 다른 이야기는 '소년, 소녀를 만나다'입니다. 평범한 어느 날, 이야기는 시작됩니다. 특별한 일을 전혀 기대하지 않는 평범한 사람이 나오죠. 여느 때와 다름없는 하루입니다. 주인공은 멋진 무언가를 발견하고 사랑에 빠지죠. 소중한 걸 잠시 놓쳤던 적도 있지만 이내 되찾습니다. 사람들은 이런 이야기를 좋아하죠.

소년, 소녀를 만나다

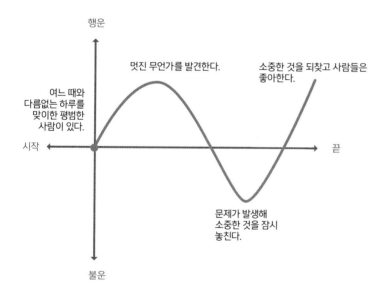

체스까지 둘 정도로 똑똑한 컴퓨터가 지금 제가 이제 그릴 이 복잡한 곡선을 왜 이해하지 못하는지 모르겠네요. 이건 서구 문화권에서 가장 인기 있는 이야기입니다. 이를 재구성해서 다른 형태로 소개한다면 그 사람은 또 수백만 달러를 벌어들이겠죠.

지금까지 저는 사람들이 평균 이하의 삶을 사는 인물의 이야기를 좋아하지 않는 것처럼 말했습니다. 하지만 이제 평균 아래의 지점에서 이야기를 시작해 볼까요? 누가 그렇게 밑바닥에 있을까요? 바로 이 작은 소녀입니다. 무슨 일이 생겼을까요? 소녀의 어머니는 돌아가셨고, 아버지는 심술궂고 못생겼으며, 슬하에는 고약한 두 딸이 있는 여성과 재혼합니다. 어쨌든, 어느 날 밤 궁전에서 파티가 열립니다. 주인공은 갈 수 없는 파티죠. 대신 다른 사람들의 외출 준비를 돕습니다. 이제 소녀는 더 밑으로 떨어질까요? 아닙니다. 이 소녀는 굳세며 이미 운명의 장난에 휘말릴 대로 휘말렸습니다. 어머니를 잃었으니까요. 더는 내려갈 곳도 없습니다.

신데렐라

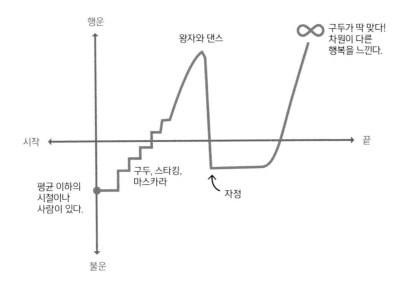

보니것은 자서전 『성지주일(Palm Sunday)』에서 신데렐라 이야기와 성경 속 이야기의 공통점에 대해서 다음과 같이 말했다.

"신데렐라에 나오는 자정 부분의 이야기는 마치 구약 성서 속 독특한 창조 신화 같았다. 그리고 마지막에 행복이 치솟는 부분은 초기 기독교의 구원에 대한 기대와 동일했다. 그러니 두 이야기는 똑같다고 할 수 있다."

이 형태는 서구의 이야기에서 가장 흔하게 쓰이며, 조지프 캠벨(Joseph Campbell)의 고전 『영웅의 여정(The Hero's Journey)』과 가장 유사하다.

이제 요정 할머니가 와서 신데렐라에게 구두를 주고, 스타킹을 주고, 마스카라를 주고, 탈 것도 줍니다. 신데렐라는 파티에 가서 왕자와 춤을 추며 즐거운 시간을 보내게 됩니다.

땡, 땡, 땡? 제가 그린 선에 살짝 경사가 들어가 있습니다. 커다란 괘종시계가 12시를 알리는 데에는 20~30초가 걸릴 테니까요. 지금의 행복에서 이야기가 끝날까요? 당연히 아니죠. 신데렐라는 왕자와 춤췄던 시간을 평생 기억할 것입니다. 이제 행복이 이렇게 고꾸라졌다가 구두가 딱 맞으면서 이전과 비교할 수 없을 정도로 엄청난 행복을 누립니다.[28]

보니것이 언급한 신데렐라 이야기 형태는 조지프 캠벨[15]이 쓴 『영웅의 여정』과 아주 유사하다. 캠벨은 동서양 문화의 종교와 설화 속 이야기에 나타나는 보편적인 구조를 연구했다. 더 큰 고난을 겪을수록 주인공은 더욱 노력해서 위대한 승리를 거둔다. 이런 형태로 이야기를 구성하면 그 이야기는 강렬하고 흥미진진해진다. 서구 문화권은 해피엔딩을 선호하는 편이다. 그래서 블록버스터 영화는 주인공이 고난을 이겨내고 행복한 삶을 누리는 모습을 보여주기 위해 이런 형태를 따르는 경우가 많다.

---

15 『영웅의 여정(The Hero's Journey)』을 통해 불확실성 속에서 고군분투하는 개인과 조직의 변화과정을 다룬 것으로 유명한 문학 교수다.

감정 곡선으로 데이터 스토리텔링 하기

컴퓨터가 이야기 형태를 처리할 수 있으면 좋겠다는 보니것의 바람은 2016년에 실현됐다.
버몬트 대학교^{University of Vermont} 컴퓨터 스토리 연구소^{Computational Story Lab}의 데이터 과학자들이 인상적인 연구
프로젝트를 발표했다. 이들은 구텐베르크 프로젝트^{Gutenberg Project}**16**를 통해
디지털화한 작품 1,327편을 컴퓨터로 분석했다.[29]

이야기의 감정 곡선을 파악하기 위해 연구진은 글 한 편에서 감정의 오르내림을 추적하는 감정 분석을 실시했다. 그런 다음 결말이 행복하거나 불행한 이야기들을 감정별로 구분한 선들로 세분화했다.

그 결과 다음 두 쪽에 걸쳐서 나오는 여섯 개의 주요 감정선을 도출했다. 오른쪽에 나오는 세 개는 해피엔딩이며, 그다음 쪽에 나오는 세 개는 배드엔딩이다.

이들은 보니것의 이론에 대해 처음으로 실증적 증거를 제시했다고 볼 수 있다.

다음 두 쪽의 차트들이 조직의 사업 결과를 나타낸다고 생각하면 이해하기 쉬울 것이다. 많은 조직이 불운과 행운을 모두 경험하기 때문이다. 이 막대 차트들은 여섯 이야기 곡선과 같은 패턴을 보인다.

차트가 해피엔딩인 경우, 막대나 선을 한 번에 하나씩 드러낼 수 있다. 수치를 한 번에 하나씩 공개하면 청중은 마지막 데이터가 공개될 때까지 결말을 예상할 수 없어서 긴장 속에서 이야기에 집중하고 긍정적인 결론을 더 크게 받아들일 수 있다.

---

16 마이클 하트(Michael Hart)가 시작한 프로젝트로 인류가 생산한 각종 자료를 전자정보로 저장하는 것을 목적으로 한다.
주로 저작권이 만료된 고전작품을 대상으로 전자화하며, HTML, 전자책(ePub), UTF-8 등의 다양한 포맷으로 무료로 공개하고 있다.

해피엔딩 데이터

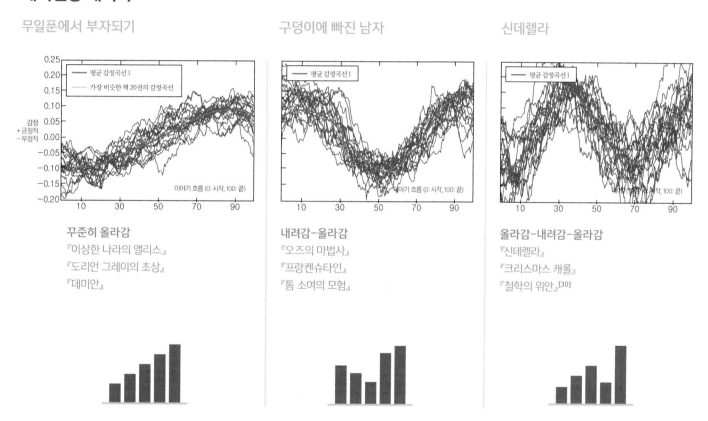

무일푼에서 부자되기	구덩이에 빠진 남자	신데렐라
꾸준히 올라감	**내려감-올라감**	**올라감-내려감-올라감**
『이상한 나라의 앨리스』	『오즈의 마법사』	『신데렐라』
『도리언 그레이의 초상』	『프랑켄슈타인』	『크리스마스 캐롤』
『데미안』	『톰 소여의 모험』	『철학의 위안』[30]

위에 보이는 세 개의 차트 속 이야기는 모두 행복하게 끝난다. 이런 형태의 차트는 한꺼번에 보여주지 말고 점차적으로 공개하자. 불운이 닥칠 듯한 긴장감을 조성했다가 긍정적인 결말을 보여줌으로써 청중을 기쁘게 할 수 있기 때문이다.

배드엔딩 데이터

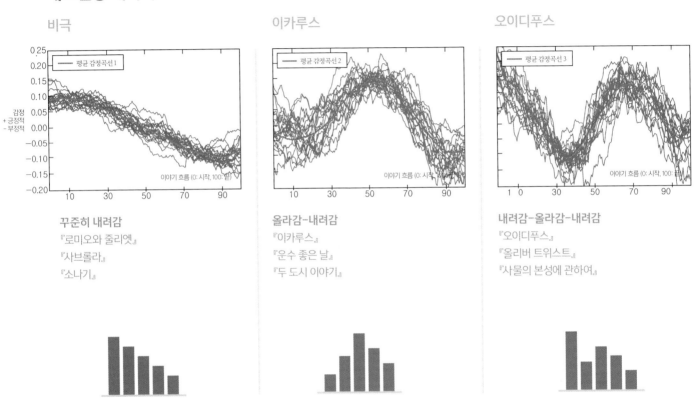

비극	이카루스	오이디푸스
꾸준히 내려감	**올라감-내려감**	**내려감-올라감-내려감**
『로미오와 줄리엣』	『이카루스』	『오이디푸스』
『사브롤라』	『운수 좋은 날』	『올리버 트위스트』
『소나기』	『두 도시 이야기』	『사물의 본성에 관하여』

위에 보이는 세 개의 차트 속 이야기는 불행하게 끝난다.
이미 불행으로 끝날 수밖에 없는 비극적인 경우도 있지만,
지금부터라도 청중이 노력한다면 데이터 스토리의 결말을
바꿀 수 있는 경우도 있다.

조직이 행운과 불운을 왔다갔다한 적이 있다면 왼쪽에 보이는 차트가 꽤 익숙할 것이다.

배드엔딩을 가진 고전 문학에는 보통 뛰어나지만 약점을 가진 주인공이 등장한다. 이 주인공은 위기의 순간 약점 때문에 발목이 잡혀(실제로나 사회적으로나) 죽는다. 시저의 약점은 야망이었고, 로미오의 약점은 충동이었고, 이카루스와 오이디푸스의 약점은 자만이었다.

배드엔딩의 데이터는 반드시 그 원인과 함께 제시해야 한다. 불행은 프로젝트 전략이나 관리상의 문제로 생기는 경우가 많은데, 이런 문제는 원인을 파악하고, 잘못을 인정한 후, 단호하고 직접적으로 해결해야 하기 때문이다.

배드엔딩

갖은 노력으로도 결말을 바꿀 수 없다면 청중이 이 사실을 겸허히 받아들일 수 있도록 명확하게 설명하자. 청중은 안타까움을 느끼기도 하고, 자신의 노력이 물거품이 될까 두려워하기도 한다. 하지만 이들은 실패를 통해 배움으로써 카타르시스를 경험하게 될 것이다.

배드엔딩 뒤집기

청중들의 노력으로 결말을 바꿀 여지가 아직 남아 있다면 그들 스스로 영웅이 되어 악당을 물리칠 수 있음을 보여주자.

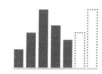

◉ 현재 실적이 앞서 설명한 이카루스 차트처럼 올라갔다 내려가는 양상이지만 아직 결말을 바꿀 시간이 남아있다고 하자.
이때 적절한 방식으로 소통한다면 청중은 걸림돌을 이겨낼 만한 대상이라고 생각할 것이다.

TIP ▶ duarte.com/datastory에는 보니것의 강연과 그가 제시한 여섯 가지 기본형을 연구한 행복도 측정기 그리고 데이터 스토리의 상호작용 시각화 도구를 볼 수 있는 링크를 제공한다.

| 사례연구 | "신데렐라 곡선으로 불운을 뒤집다"

이번에는 한 중견 기업 CEO가 사내 전체 회의에서
사용한 슬라이드를 소개한다.

이 이야기는 직원들이 지난 몇 년간 겪은 고된 여정 속에서 이
루어 낸 눈부신 성과를 보여준다.

① CEO는 회사에 새로운 경영정보시스템을 도입하느라 지난 몇 년간 힘든
시간을 보냈다고 설명한다. 새 시스템 도입으로 엄청난 변화가 일어나고
있는 상황에서 매출 성장까지 요구하면 직원들이 남아나지 않을 것
같아서 그는 현상황을 받아들였다고 한다.

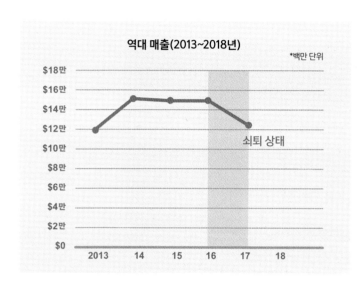

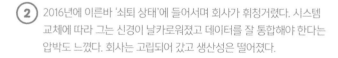

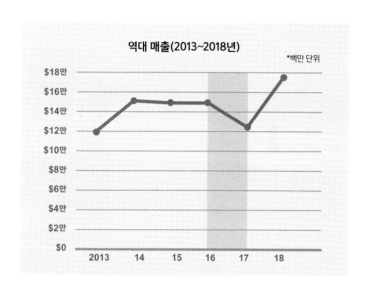

(2) 2016년에 이른바 '쇠퇴 상태'에 들어서며 회사가 휘청거렸다. 시스템 교체에 따라 그는 신경이 날카로워졌고 데이터를 잘 통합해야 한다는 압박도 느꼈다. 회사는 고립되어 갔고 생산성은 떨어졌다.

(3) 2017년 초에 회사는 부진에서 벗어나기 위해 핵심 가치를 되새기며 명확한 계획을 세웠다. 계획 실천을 통해 개선된 매출을 공개하자 직원들은 환호했다.

| 사례연구 | "데이터에 맥락을 곁들여 이야기하다"

스캇 해리슨Scott Harrison은 비영리단체 CEO들의 부러움을 한 몸에 받은 운영 모델을 갖췄다. 그는 여러 개인과 단체를 모아, 영어로 우물을 뜻하는 '더웰The Well'이라는 단체를 결성했다. 더웰은 운영비와 간접비를 모두 조직 차원에서 직접 부담한다. 개인 후원자들의 기부는 오로지 깨끗한 물을 공급하는 우물 건설에만 쓰일 것이라고 장담한다.

그는 매년 저녁 만찬과 함께 더웰 구성원들에게 성과를 공유한다. 그는 2018년에 한 연설에서 다음과 같이 데이터를 적절하게 활용했다.

여러분 중에는 우리의 시작과 성장 과정을 잘 아는 분들도 계실 겁니다.

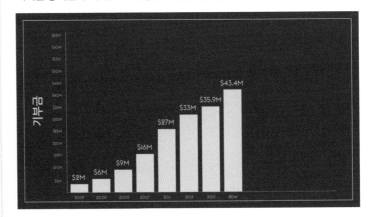

우리는 매년 성장했습니다. 다른 자선 단체들이 어려움을 겪는 침체기에도 성장했습니다. 8년 연속 성장세를 이어갔습니다. 그것이 우리가 이룬 것입니다. 성장하는 거였죠. 그러다가 2015년, 우리에게 힘든 시기가 찾아왔습니다.

안타까웠습니다. 저뿐만 아니라 우리 직원들에게도 힘든 시기였습니다.

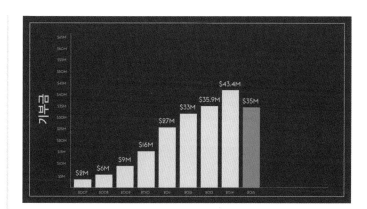

이 수치는 우리 주머니에 있는 돈이 아닙니다. 우리는 이 돈으로 집을 사고 차를 사는 게 아니에요. 그저 사람들에게 깨끗한 물을 공급해줄 뿐이죠. 그러니까 저 그래프에 따르면 우리는 8년 차에 100만 명에게 깨끗한 물을 공급했지만, 그 이듬해에는 겨우 82만 명에게만 공급했다는 겁니다.

🔊 **등장인물 의인화하기**
해리슨은 계속해서, 돈과 깨끗한 물을 공급받는 사람 수를 연결해서 설명한다. 청중에게 그들이 왜 기부를 해야 하는지 지속적으로 알려주기 위해서다.

왜 이런 일이 일어났을까요? 우리는 두 번의 큰 기부를 받기도 했지만, 경기가 좋지 않아 기부가 지속되지는 못했습니다.

우리는 지속적인 기부를 유지해야겠다는 생각이 들었습니다. 그래서 더스프링The Spring이라는 구독 서비스를 기획했습니다. 넷플릭스, 드롭박스, 스포티파이가 사업을 키우기 위해 채택한 모델과 비슷한 서비스를 말이죠.

매달 30달러면 한 사람에게 깨끗한 물을 제공할 수 있습니다. 우리는 깨끗한 물을 필요로 하는 사람들에게 기부금 100%를 사용한다는 강력한 약속을 내세우며 구독자를 모집했습니다.

20분짜리 홍보 영상 덕분에 전 세계에 우리를 빠르게 알릴 수 있었습니다. 그리고 우리는 그해 말에 구독 서비스를 개시했습니다.

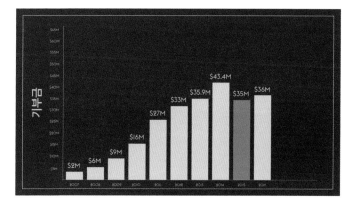

첫해인 2016년에는 기대만큼 성장하지는 못했지만, 이듬해인 2017년에는 전년도 대비 40% 성장하면서 처음으로 연 5,000만 달러가 넘는 기부금을 받았습니다. 구독 서비스의 장점을 입증한 셈이죠.

<청중의 박수>

그리고 작년에 우리는 120만 명에게 깨끗한 물을 공급했습니다.

▼ 데이터를 활용한 스토리텔링(신데렐라)
해리슨은 차트를 보여주면서 시간의 흐름에 따라 이야기를 펼쳤다. 보니것의 신데렐라 감정 곡선처럼 이때까지만 해도 청중은 불행을 뒤집을 수 있을지 확신하지 못했다. 해리슨은 서양에서 가장 인기 있는 이야기 구조를 사용해서 청중을 깜짝 놀라게 할 준비를 했다.

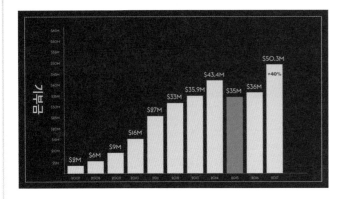

그리고 로렌이 앞선 발표에서 보여준 수치는 고작 한 달 전의 상황이었습니다. 하지만 그것도 이제는 먼 옛날의 이야기입니다.

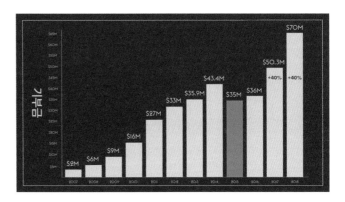

지금, 우리는 7,000만 달러를 향해가고 있기 때문입니다.

<청중의 환호성>

▲ 뜻밖의 결과에 놀람
의도와 상관없이 청중은 앞선 프레젠테이션에서 이미 저조한 숫자를 본 상태였다. 해리슨은 그런 청중에게 상상조차 할 수 없을 정도로 높은 수치를 보여주었다. 청중은 그에 대한 반응으로 처음에는 감탄하다가 이내 손뼉을 치며 환호했다.

여기서 잠깐 이 성장을 넓은 관점에서 바라봅시다. 이러한 수치는 다른 단체에서는 볼 수 없으며 심지어 이 업계에서는 '저성장도 성장이다'라는 말까지 들립니다.

실제로 작년에는 미국 전체의 기부금이 6% 감소했습니다. 해외에서 오는 기부 역시 6% 감소했습니다. 그 와중에 우리에게 들어온 기부금은 오히려 40%가 증가했습니다. 남다른 성과입니다. 지난 12년간 우리가 해온 일이 굉장히 만족스럽습니다. 구독 서비스는 효과를 보이고 있습니다.

⏏ 데이터에 맥락 곁들이기
　다른 비영리 단체들의 실적을 맥락 속에 제시함으로써 청중은 이 성장이 더욱 의미있다는 사실을 알게 된다.

연설 후반부에 해리슨은 청중과 데이터를 이어주는 또 다른 방법을 사용한다.

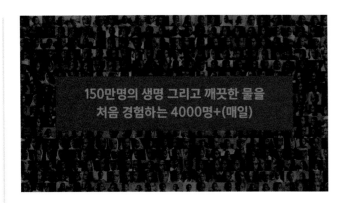

저는 이 수치가 좋습니다. 우리가 공급하는 깨끗한 물을 이용하는 사람의 수입니다. 이 수치가 매년 올라가는 걸 보고 있으면 즐겁습니다.

생각해보세요. 오늘 하루에만 4,000명이 난생처음으로 깨끗한 물을 접하게 됐습니다. 얼마 전 매디슨 스퀘어 가든에 디페쉬 모드 Depeche Mode**17 콘서트를 보러 갔습니다. 매진된 공연이었는데요, 인터넷에서 그 공연장의 수용 인원을 찾아봤습니다. 그리고 아내에게 말했죠. '자기 있지, 우리가 나흘에 한 번씩 이만큼의 사람들에게 깨끗한 물을 주고 있는 거야!'**

이것이 우리의 핵심성과지표입니다. 이 목표를 더 빠르게 달성해서 더 많은 사람에게 더러운 물이 아닌 깨끗한 물을 제공하고 싶습니다.

이런 질문을 해봤습니다. 더 원대한 포부를 가지고 목표를 이루려면 어떻게 해야 할까? 2025년까지 2,500만 명으로 늘리려면 어떻게 해야 할까?

🔺 규모로 보여주기
　청중에게 매일 깨끗한 물을 공급받는 사람의 수를 쉽게 설명하기
　위해서 해리슨은 관객 수라는 익숙한 대상에 대입했다. 뉴욕 매디슨
　스퀘어 가든은 2만 명가량 수용할 수 있다.

---

17 1980년 결성된 영국의 뉴 웨이브 밴드다.

참 많은 사람입니다. 오라클 아레나 수용 인원의 1,000배, 이곳 샌프란시스코 인구의 28배, 뉴욕 인구의 3배입니다. 이렇게 말하니 숫자가 더 커 보이네요. 다시 말하지만 이건 사람들의 생명이 달린 문제입니다.

🔽 규모로 보여주기
해리슨은 깨끗한 물을 사용하는 인구를 극적으로 높인다는 원대한 비전을 품었다. 그는 얼마나 많은 사람이 깨끗한 물을 쓰게 될지 전달하기 위해 다시 한번 우리가 상상하기 쉬운 공간을 활용했다.

여러분은 우리가 도움을 주는 사람들에 대한 이야기를 계속 들을 것입니다. 이 여성 '아버햇Aberhat'처럼 말이죠.

그녀는 네 자녀를 둔 47세 어머니입니다. 매일 4~6시간씩 걸어서 여러분이 상상할 수도 없는 더러운 물을 길어옵니다. 하지만 다른 방법이 없습니다. 그녀가 태어난 곳의 상황이 그렇기 때문입니다. 하지만 이제 우리는 그녀를 도울 방법을 압니다.

🔺 등장인물 의인화하기
청중은 아버햇의 사진을 본다. 깨끗한 물을 공급받으면서 삶이 달라진 인물이다. 해리슨은 다음날 밤의 연례행사에서 여기에 대해 설명하고, 더웰 구성원들은 그녀의 삶이 어떻게 달라졌는지에 대한 프레젠테이션을 보고 큰 감명을 받았다.

**"매일이 놀라움의 연속이다.
하지만 그 놀라움을 보고, 듣고,
느끼려면 기대를 품고 있어야만
한다. 슬픔이든 즐거움이든
두려움 없이 받아들이자.
그러면 우리 마음에 인류애를
온전하게 만끽하는
새로운 장이 열릴 것이다."**

헨리 나우웬

우리는 거의 모든 대상의 수치를 재고 규모를 측정할 수 있다.
데이터 속 보물을 찾으면서 절호의 기회를 포착하고 많은 사람의 삶을
지킬 방안을 모색하는 일은 굉장히 흥미진진하다.
하지만 아직까지 데이터를 통해 삶을 바꾸는 우리의 여정은 시작에 불과하다. 그래서
데이터로 소통할 줄 아는 사람이 필요하다.
**다가올 미래에는 모든 리더가 숫자를 이야기로 탈바꿈하는
일을 할 것이다.**

**무슨 일이 일어났는지 설명하려면 데이터의 힘을 빌려야 하고,
그 일이 어떤 의미를 지니는지 설명하려면 이야기의 힘을 빌려야 한다.**
이야기는 숫자에 불과한 데이터에 활력을 불어넣어 다른 사람들이
생각을 바꾸며 행동을 취하도록 한다. **말은 강하다.**
이런 말을 노련하게 활용하는 길은 연습뿐이다.

앞으로의 성공적인 커리어를 위해서 데이터 과학과 의사소통 기술을
완벽하게 익히기를 권한다.

부록

부록 A.
3막 구조에 활용 가능한 다양한 접속사

데이터 스토리 3막 구조에 활용할 수 있는 다양한 접속사를 다음과 같이 소개한다(80쪽 참조).

1

1막

해결해야 할 ...(문제)와 우리가 활용할 수 있는 ...(기회)가 있다.
데이터를 통한 결론 찾기

하지만

그리고

문제와 기회에 대한 반론 제시

그 대신에	~대신에
~이긴 하지만	~에도
~하는 한	한편
반대로	그렇지 않으면
비록 ~일지라도	자료에 따르면
예를 들어	~인데 비하여
그러나	~ 반면
~에 반해서	

문제와 기회에 대한 추가적 설명

게다가	~와 더불어
결국	마찬가지로
또한	더욱이
다른 이유는	~에 덧붙여
어쨌든	
뿐만 아니라	
~에 더하여	
나아가	

2 | 2막
...은 해결하기에 복잡한 문제다.
분위기를 전환하는 데이터 포인트 제시하기

3 | 3막
...를 통해 문제를 해결해야 한다.
데이터 관점 제시

그래서

결과 설명하기

심사숙고한 결과
결국
예를 들어
결론적으로
다시 말해
결국, 우리의 결정은
~의 주된 이유는
우리가 해야 할 일은

부록 B.
의사결정 속도를 높여주는 원 페이지 요약 보고서 예시

많은 보충 자료가 첨부된 제안서를 준비해야 하는 경우도 있지만, 원 페이지로 작성된 요약 보고서만으로 충분한 경우도 있다. 이런 형태의 제안서는 회의에서 나눠주거나, 이메일로 보내거나, 의사결정자와 대화할 때 참고 자료로 사용하기 좋다.

실전 예시

마케터들은 데이터 분석을 통해 고객이 결제 과정에서 어떤 경험을 하느냐에 따라 매출이 달라진다는 사실을 발견했다.

마케터의 제안 나무 구조 요약 보고서

	1막	2막	3막(데이터 관점)
	사이트 방문자 수가 목표치의 2배가 넘었지만 수익 목표를 달성하지 못했다.	잠재 구매자의 74%가 장바구니에 담은 상품을 방치해 두었다.	장바구니의 편의성과 배송 정책을 개선하면 매출을 40% 높일 수 있다.

행동 계획

무엇을	비회원 주문 제도를 도입한다.	'장바구니 저장하기' 기능을 설계한다.	1만 원 이상 구매 시 무료 배송을 제공한다.
왜	이용자의 28%가 회원 가입이 싫어서 장바구니에 물건을 담아둔 채로 우리 사이트를 떠난다.	이용자의 37%가 그저 구경만 하거나 가격 비교만 한다. 구매 절차를 간편하게 바꾸어야 한다.	이용자의 56%가 예상치 못한 추가 비용 때문에 사이트를 떠난다. 가장 흔히 발생하는 추가 비용이 바로 배송비.
어떻게	•'비회원' 구매가 가능하도록 기능을 확장한다.	•'장바구니 저장하기' 기능 개발을 우선순위로 둔다. 이메일 알림을 보내 이용자들의 관심을 유지시킨다.	•이윤 감소율이 가장 적은 1만 원 이상 구매 시 무료 배송 서비스를 시작한다. •새로워진 배송 정책을 이메일로 홍보해서 기존 고객의 재구매를 유도한다.

TIP ▶ duarte.com/datastory에서 제안 나무 구조의 요약 보고서 서식을
무료로 받을 수 있다. (영문)

실전 예시

한 IT 부서장은 기반 시설이 오래되어 부원들이 효율적으로 일하지 못하고, 보안 사고가 발생할 위험성을 걱정하고 있다. 또한 이 문제와 더불어 현재 시스템의 유지보수 비용이 상승하는 문제까지 해결하기 위해 제안서를 작성했다. 내용을 요약하자면 아래와 같다. [31]

IT 부서장의 제안 나무 구조 요약 보고서

	1막	**2막**	**3막(데이터관점)**
	우리의 기존 시스템들은 매우 복잡하고 이질적이다. 현재 시스템은 분석 정보를 제대로 보여주지 못한 데다가 보안에도 취약하다.	낡은 기술을 유지보수하고 보안 사고를 방지하기 위해서는 우리와 비슷한 규모의 회사보다 더 많은 비용을 지출해야 한다. 또한 오래된 시스템으로 인해 IT 부서의 이직률이 높아졌다.	기존 시스템을 통합형 클라우드 기반 시스템으로 재구성하면 데이터를 안전하게 보호하면서 유지비용도 아낄 수 있다.

행동 계획

무엇을	효율성을 높이기 위해 분산된 시스템들을 통합한다.	신규 시스템 도입에 IT 부서의 역량을 집중한다.	클라우드 기반 보안 솔루션을 도입한다.
왜	여러 시스템을 관리하면 비용이 많이 들고 효율성이 떨어진다. 통합형 클라우드 기반 시스템을 채택하면 효율적인 분석 정보를 수집할 수 있다.	우리의 부서원들은 컴퓨터 수리 등의 IT 지원 업무에 대부분의 시간을 허비한다. 이들은 신규 시스템 도입을 주도할 능력이 있으며, 새로운 일에 도전하면서 활기도 얻을 것이다.	신규 보안 솔루션을 통해 해킹 등의 위협으로부터 우리의 신규 시스템을 보호한다.
어떻게	• 통합형 클라우드 기반 시스템을 도입한다. • 기존 데이터를 신규 통합 시스템으로 이동한다. • 다양한 통합형 클라우드 서비스를 검토하고 필요에 따라 구독 서비스를 도입한다.	• 비용을 최소화하기 위해 신규 시스템 도입에 가장 적합한 인재를 파악한다. • IT 지원 업무를 저렴한 외주 업체로 이전한다. • 신규 시스템의 효율적 운영을 위해 사내 IT 교육을 진행한다.	• 위험을 줄이기 위해 데이터 관리 표준과 새 보안 정책을 구상한다. • 사고 대응 계획을 수립한다.

부록 C.
시각 요소 샘플 다운로드

duarte.com/datastory (영문)
해당 사이트 접속 후 스크롤을 내리면 나오는 <Tools> 부분에서
아래의 샘플 파일들을 다운로드 받을 수 있습니다.

시각 요소 샘플(Annotation Kit)

손쉽고 빠르게 차트를 돋보이게 할 수 있는 시각 요소를 제공합니다.

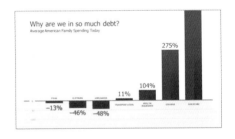

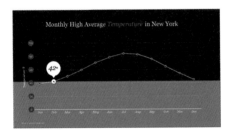
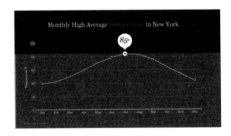

애니메이션 차트 샘플(Animated Charts)

여러분의 목적에 맞게 활용할 수 있는 차트를 제공합니다.

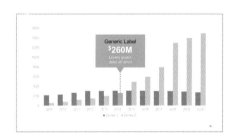
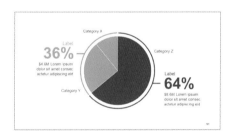
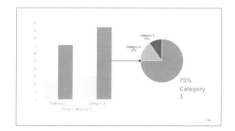

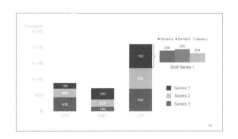

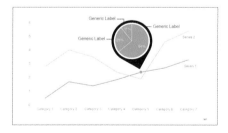

▶ 제공되는 모든 샘플은 영문이며, Microsoft PowerPoint 2007 이상 버전부터 사용 가능합니다.

참고자료

◎ 국내 출간 시점에서 자료가 삭제되어 접속이 불가능한 링크
◇ 자료가 삭제되어 유사 자료로 대체된 링크

들어가며

1 Pamela Rutledge, "The Psychological Power of Storytelling," Psychology Today, January 16, 2011.

2 Lauri Nnummenmaa, et al. "Emotional Speech Synchronizes Brains Across Listeners and Engages Large-Scale Dynamic Brain Networks," Neuroimage, November 15, 2014.

3 Jennifer Edson Escalas, "Imagine Yourself in the Product: Mental Stimulation, Narrative Transportation, and Persuasion," Journal of Advertising (2004).

4 Paul Zak, "Empathy, Neurochemistry, and the Dramatic Arc," YouTube video, posted February 19, 2013, https://www.youtube.com/watch?v=DHeqQAKHh3M.

5 Chip Heath, Dan Heath, "Made to Stick: Why Some Ideas Survive and Others Die" (New York: Random House, 2007, 2008). / 칩 히스, 댄 히스, 『스틱!』 (엘도라도, 2009)

6 "Writing Skills Matter, Even for Numbers-Crunching Big Data Jobs," Burning Glass Technologies, September 11, 2017, https://www.burning-glass.com/blog/writing-skills-big-data-jobs/. ◎

CHAPTER 01 데이터로 소통하는 사람 되기

7 John Gantz, David Reinsel, John Rydning. "The Digitization of the World, From Edge to Core," Seagate/IDC, https://resources.moredirect.com/white-papers/idc-report-the-digitization-of-the-world-from-edge-to-core. ◇

8 "What's Next for the Data Science and Analytics Job Market?" PwC, https://www.pwc.com/ us/en/library/data-science-and-analytics.html.

9 Josh Bersin, "Catch the Wave: The 21st-century Career," Deloitte Review, July 13, 2017, https://www2.deloitte.com/insights/us/en/deloitte-review/issue-21/changing-nature-of-careers-in-21st-century.html.

10 Marissa Mayer, "How to Make the Star Employees You Need," Masters of Scale, https://mastersofscale.com/marissa-mayer-how-to-make-the-star-employees-you-need-masters-of-scale-podcast/.

CHAPTER 02 의사결정자와 소통하기

11   Sujan Patel, "Daily Routines of Fortune 500 Leaders (and What You Can Learn from Them)," Zirtual, August 18, 2016, https://www.startups.com/library/expert-advice/how-fortune-500-leaders-schedule-their-days. ◇

12   James Kosur, "17 Business Leaders on Integrating Work and Life," World Economic Forum, November 23, 2015, https://www.weforum.org/agenda/2015/11/17-business-leaders-on-integrating-work-and-life/.

13   Shellye Archambeau, "Phase 2," January 3, 2018, https://shellyearchambeau.com/ blog/2018/1/1/phase-2-7n5gw.

14   Kathleen Elkins, "14 Time-management Tricks from Richard Branson and Other Successful People," CNBC, February 17, 2017, https://www.cnbc.com/2017/02/17/time-management-tricks-from-richard-branson-other-successful-people.html.

CHAPTER 05 분석을 통해 행동 유도하기

15   George Miller, "Observations on the Faltering Progression of Science," https://www.ncbi. nlm.nih.gov/pubmed/25751370.

16   "Assumptions for Statistical Tests," Real Statistics Using Excel, http://www.real-statistics. com/descriptive-statistics/assumptions-statistical-test/.

17   Claire Cain Miller, "The Number of Female Chief Executives Is Falling," The New York Times, May 23, 2018, https://www.nytimes.com/2018/05/23/upshot/why-the-number-of-female-chief-executives-is-falling.html.

CHAPTER 09 규모로 보여주기

18   Tweet: https://twitter.com/neiltyson/status/995095196760092672.

19   Hillary Hoffower, Shayanne Gal, "We Did the Math to Calculate Exactly How Much Billionaires and Celebrities Like Jeff Bezos and Kylie Jenner Make an Hour," Business Insider, August 26, 2018, https://www.businessinsider.in/we-did-the-math-to-calculate-exactly-how-much-money-billionaires-and-celebrities-like-jeff-bezos-and-kylie-jenner-make-per-hour/articleshow/65552498.cms.

20   Eric Collins, "How Many Bacteria Are in the Ocean?" August 25, 2009, http://www.reric.org/wordpress/archives/648.

21 Kevin Loria, "The Giant Garbage Vortex in the Pacific Ocean Is Over Twice the Size of Texas—Here's What It Looks Like," Business Insider, September 8, 2018, https://www.businessinsider.in/slideshows/miscellaneous/the-giant-garbage-vortex-in-the-pacific-ocean-is-over-twice-the-size-of-texas-heres-what-it-looks-like/slidelist/63435829.cms. ◇

22 Apple.com, iPhone 6S Environmental Report, https://www.apple.com/environment/pdf/ products/iphone/iPhone6s_PER_sept2015.pdf.

23 Len Fisher, "If You Could Drive a Car Upwards at 60 mph, How Long Would It Take to Get to the Moon?" Science Focus, https://www.sciencefocus.com/space/if-you-could-drive-a-car-upwards-at-60mph-how-long-would-it-take-to-get-to-the-moon/.

24 Jesper Sanders, "100+ Exclamations: The Ultimate Interjection List," Survey Anyplace Blog, March 23, 2017, https://surveyanyplace.com/the-ultimate-interjection-list/.

25 Chris O' Brien, "TED 2013: 'Factivist' Bono Projects Poverty Rate of Zero by 2030," Los Angeles Times, February 26, 2013, https://www.latimes.com/business/la-xpm-2013-feb-26- la-fi-tn-ted-2013-factivist-bono-projects-poverty-rate-of-zero-by-2030-20130226-story.html.

CHAPTER 11 데이터를 활용한 스토리텔링

26 Indeed data source: https://drive.google.com/drive/folders/1PmszxlVbtDP_npz5FMbkyOFnfg_s6U2O.

27 Stephen Galloway, "An Inconvenient Truth, 10 Years Later," The Hollywood Reporter, May 19, 2016, https://www.hollywoodreporter.com/features/an-inconvenient-truth-10- years-894691.

28 "Kurt Vonnegut on the Shapes of Stories," YouTube video, posted October 30, 2010, https://www.youtube.com/watch?v=oP3c1h8v2ZQ.

29 Andrew Reagan, "The Emotional Arcs of Stories Are Dominated by Six Basic Shapes," ArXiv, Cornell University, September 26, 2016, https://arxiv.org/abs/1606.07772.

30 Ronald Yates, "Study Says All Stories Conform to One of Six Plots," July 11, 2016, https://ronaldyatesbooks.com/2016/07/study-says-all-stories-conform-to-one-of-six-plots/. ◎

31 SyberSafe, "A Data Breach May Be More Expensive Than You Think," July 20, 2018, https://sybersafe.com/2018/07/20/a-data-breach-may-be-more-expensive-than-you-think/. ◎

사진 저작권

CHAPTER 02 의사결정자와 소통하기

p.51   Tim Cook: Getty Images, Indra Nooyi: Getty Images, Shellye
        Archambeau: https://shellyearchambeau.com, Richard Branson:
        Getty Images

CHAPTER 09 규모로 보여주기

p.159   Steve Jobs: Getty Images
p.167   Worlds Smallest Computer: IBM Research, World's Smallest
        Computer, https://creativecommons.org/licenses/by-nd/2.0

CHAPTER 10 데이터 의인화하기

p.184   Dr. Rosalind Picard: Courtesy of Dr. Rosalind Picard

CHAPTER 11 데이터를 활용한 스토리텔링

p.201   Al Gore, Documentary: An Inconvenient Truth 2006
p.212~217 Scott Harrison: Courtesy of Scott Harrison

도움 주신 분들

Queen of Everything: Mary Ann Bologoff

Creative Direction: Jay Kapur

Art Direction: Fabian Espinoza, Diandra Macias

Design: Aisling Doyle

Cover Art: Jonathan Valiente

Editor: Emily Loose

Illustrations and Charts: Radha Joshi, Ivan Liberato, Ryan Muta, Anna
Ralston, Shane Tango

Production: Erin Casey, Theresa Jackson, Anna Ralston, and Trami
Truong

Annotations: Tyler Lynch

Proofing: David Little, Emily Williams

Case Study: Kate Devlin, Xiddia Gonzalez

Photo Credits: Dan Gard, Ryan Orcutt

Special Thanks: Trisha Bailey, Chariti Canny, Dr. R. Joseph Childs,
Donna Duarte, Michael Duarte, Kevin Friesen, Megan Huston, Mike
Pacchione, and Kerry Rodden

찾아보기